30 JOURS POUR TROUVER LE BONHEUR

Sarah Guetta

À mes parents et à ma famille, qui heureusement m'ont donné du fil à retordre, et

réciproquement, mais aussi leur sagesse et leur soutien.

Et à mes enfants qui doivent subir et se construire avec les imperfections de leurs parents.

TABLE DES MATIÈRES

QU'EST CE QUI VOUS EMPECHE DE TROUVER LE BONHEUR?

DETRUISONS LES IDEES REÇUES

AVONS NOUS LE CHOIX ?

LES 10 NON COMMANDEMENTS DU BONHEUR

COMMENT JE SUIS ARRIVEE A CREER CE PROGRAMME ?

COMMENT OPTIMISER CE PROGRAMME ?

LE PROGRAMME ENFIN

LA PREMIERE SEMAINE

LA DEUXIEME SEMAINE

LA TROISIEME SEMAINE

LA QUATRIEME SEMAINE

THE HAPPY END

A PROPOS DE L'AUTEUR

Première partie:

La remise en question

QU'EST CE QUI VOUS EMPÊCHE DE TROUVER LE BONHEUR?

Vos obstacles

Ma grand-mère disait,
«le soleil est dans le cœur».

Alors pourquoi est il si difficile à trouver?

Quels sont les obstacles qui vous empêchent de trouver le bonheur?

Pour quoi chercher si loin, ce qui est en nous?

Et pourquoi croire à cette idée paraît si farfelu ?

Dans mon cabinet je vois beaucoup de personnes dans le doute.

Et je me suis rendu compte que, ce qui me paraissait évident, limpide et simple, ne l'était pas pour tous.

Beaucoup de monde cherche des réponses et ne trouve en définitive que quelques phrases toutes faites dispersées sur le net ou ailleurs.

J'ai donc décidé de créer un guide, un programme du bonheur.

Ce dernier n'est pas le même pour tout le monde.

Mais il y a une technique, une perception qui vous mène à trouver votre bonheur.

Et les personnes qui y ont réussi ne sont pas pour autant déséquilibrés, bien au contraire.

Le bonheur est un choix.

Et c'est exactement ce que je voudrai vous faire passer dans ce concept.

Qu'est ce qui vous empêche d'y arriver?

🔥 Premièrement,
une appréhension,
causée par un amalgame entre religion et spirituel.

L'obstacle premier pour ne pas s'initier à des pratiques simples pour nous recentrer sur nous même, est la différence de langage entre le monde occidental et spirituel.

On peut penser que la méditation crée une sorte de léthargie contemplative, vous rend mou, lent et tranquille comme un moine tibétain.

De plus, cette posture du lotus, ce vocabulaire sorti d'un autre monde! Cela vous paraît loin de vous.

Alors quand on vous parle de méditation, de se recentrer par la respiration, de relaxation, ça vous parait être une pratique d'allumé.

Comme je vous comprends!

Laissez tomber la position du lotus, nous allons parler de positions que vous connaissez déjà.

Avec des mots de votre quotidien.

Et des exercices pratiques et simples à intégrer à votre vie.

Et je vous assure que vous ne deviendrez pas un moine bouddhiste,

Surtout que le tissu orange et le crane rasé ça ne fait pas du tout tendance.

 Deuxièmement; pas le temps.

Vous n'avez pas le temps pour vous.

Et vous pensez que les résultats ne se feront sentir qu'après plusieurs mois, ou années de pratiques quotidiennes, que c'est long, astreignant et ennuyeux.

Les pratiques dont nous allons parler vont vous faire gagner du temps.

Elles seront ludiques et intégrées à votre journée.

Vous pourrez être plus concentré sur ce que vous faites, et vivre pleinement votre vie.

Et tout cela à votre rythme. Vous êtes totalement autonome et libre.

 Troisième obstacle; l'argent.

Justement! Ce guide pratique vient à vous absolument pas par hasard.

Si vous n'allez pas au bonheur, le bonheur vient à vous.

Vous n'aurez besoin de rien d'autre.

Vous pouvez devenir libre et atteindre le bonheur que

vous méritez, si vous le souhaitez.

🔶 Quatrième obstacle, la peur du changement et de
l'inconnu.

Il est parfois plus facile de ne pas changer sa situation, même
si elle est

étouffante.

Vivre en prison peut paraitre plus sécurisant que l'aventure,
la liberté.

Vous avez peur de vous éloigner des gens que vous aimez, de
vous retrouver seul, ou dans des situations dont vous ne
connaissez pas la solution.

La peur d'une épreuve est bien pire que l'épreuve elle même.

La peur du changement nous paralyse.

Réfléchissez sincèrement,

Qu'est ce que vous feriez aujourd'hui si vous n'aviez pas peur
de l'inconnu?

Vous savez, mon grand plaisir dans la journée et de me
mettre dans des situations improbables.

J'adore ça!

Je trouve de nouvelles émotions, je rencontre de nouvelles
personnes et j'ai des discussions passionnantes qui ne
ressembles pas à celles du jour d'avant.

Je me teste, je teste mon intuition, mes limites, ma solidité,
ma confiance en moi.

Et dans les moments où je m'ennuie, et surtout où je sens que
je prends racine, je prends ma moto, et je pars seule.

Je vais prendre un verre, manger un bout, je vais en Espagne,
histoire d'entendre une autre langue et de me sentir
dépaysée.

Mon vrai plaisir est de voyager seule, parce que c'est dans ces
moments là que vous faites de belles rencontres et entamez
des discussions enrichissantes.

Et vous, si vous vous sentiez totalement solide émotionnellement, au point de ne plus avoir peur de faire de mauvaises rencontres, ou de vivre des moments que vous ne contrôlez pas, ou même de vous faire mal, émotionnellement parlant évidemment,

Si vous vous sentiez capables de rebondir à tous moments?

Que feriez vous?

Imaginez vous fort/e, impossible de vous intimider, de vous mettre mal à l'aise.

Vous appréciez les moments que vous vivez, surtout les plus improbables comme si vous étiez dans un film.

Vous ne connaissez plus la panique.

Ne serai ce pas plus simple?

De pouvoir parler à qui vous voulez de ce que vous voulez.

D'aller à l'endroit où vous voulez, et de faire ce que vous désirez?

Ce n'est pas ça qu'on appel la liberté?

🞣 Le cinquième obstacle, et pas des moindre, vous n'y croyez pas!

Comment je pourrai changer de vie aussi simplement?!

Qui dit simple ne veut pas dire sans effort, sans travail sur soi, sans volonté.

Vous avez besoin de régularité et de mettre en place des exercices simples mais quotidiens.

Cela vous paraît trop beau pour être vrai?

Mais il a été scientifiquement prouvé que les techniques naturelles pouvaient changer votre psychologie, votre physiologie et votre spirituel.

Puis...vous pensez qu'il faut être deux pour être heureux,

Et même pour changer. Vous attendez encore ce prince ou cette princesse qui changera tout. Ou qu'il faille être riche pour cela et vous attendez ce jour, ce fameux jour, où vous gagnerez des millions au loto, ou qu'il faut être beau ou belle.

Ou pire! Vous avez déjà tout cela!

Et vous ne savez pas pourquoi vous êtes mal,

Puisque vous avez "tout pour être heureux/se".

Donc vous pensez que c'est la situation qui vous rend heureux... ou pas.

Que nenni....

DÉTRUISONS LES IDÉES REÇUES

Et si je vous disais que le bonheur est en vous.

"Le vrai bonheur ne dépend d'aucun être, d'aucun objet extérieur. Il ne dépend que de nous." XIVème Dalaï-Lama

D'ailleurs plusieurs études contredisent nos idées reçues concernant le Bonheur.

Ci-dessous l'exemple de l'une d'entres elles.

Le graphe est facile à comprendre d'un simple coup d'oeil.

De plus les critères de l'étude sont plus en rapport à l'humain, qu'au pays lui même.

"Cette infographie publiée par Move hub se base sur les données du Happy Planet Index (HPI) qui a noté 151 pays à travers le monde en fonction de la durabilité du bonheur de leurs citoyens. Plus précisément, l'indice mesure trois composantes : l'espérance de vie, l'expérience de bien-être et l'empreinte écologique.

Les résultats ont ensuite été compilés pour réaliser un classement.

Voici l'échelle de couleurs qui sera utilisée dans toute l'infographie

Sur l'échelle de couleur utilisée, le rouge foncé indique un score assez faible c'est à dire entre 20 et 30 sur 100. Les teintes allant de l'orange au turquoise en passant par le vert indiquent une note comprise entre 40 et 65 sur le HPI.

Selon cette infographie, le Costa Rica est le pays le plus heureux du globe, il est suivi de près par le Vietnam.

World

CANADA
USA
BRAZIL
RUSSIA
KAZAKHSTAN
MONGOLIA
CHINA
INDIA
AUSTRALIA

The happiest nations

1 Costa Rica 64.4

2 Vietnam 64.0

3 Colombia 59.8

4 Belize 59.3

5 El Salvador 58.9

6 Jamaica 58.5

7 Panama 57.8

8 Nicaragua 57.1

9 Venezuela 56.9

10 Guatemala 56.9

The happiness of other nations

21 Brazil 52.9

28 New Zealand 51.6

34 Switzerland 50.3

41 UK 47.9

46 Germany 47.2

50 France 46.5

51 Italy 46.4

60 China 44.7

62 Spain 44.1

65 Canada 43.6

76 Australia 42.0

90 Singapore 39.8

105 USA 37.3

122 Russia 34.5

130 UAE 31.8

Cette carte de la répartition du bonheur dans le monde est
très intéressante.

Du coup j'adorerai partir vivre au Costa Rica.

Mais il faut quand même relativiser et se rappeler que ces
scores ne sont que des moyennes.

Et la note de la France est loin d'être mauvaise!

Donc cette étude remet bien les choses au claire, ce ne sont
pas les plus riches qui sont les plus heureux. Et d'un autre
coté, il ne suffit pas de se dire "je vais bien, tout va bien" pour
que cela fonctionne.

AVONS NOUS LE CHOIX ?

Heureusement, nous avons trouvé d'autres astuces.

Pour trouver le bonheur, il faut le visualiser, l'écrire, le ressentir et l'affirmer.

Puis il faut nettoyer et se détacher du passé,

tout en prenant des leçons de ce dernier et avoir foi en l'avenir.

Et puis pour couronner le tout, il faut vivre pleinement son présent.

Pour tout ça, il faut changer sa perception.

Ça paraît énorme !

Mais c'est tout à fait possible, et il existe des méthodes puissantes, simples et rapides.

Vous n'avez pas besoin d'être un maitre zen ou d'habiter dans un temple bouddhiste pour vous sentir bien avec vous même.

Il est possible de le faire même dans votre vie quotidienne!

Vous n'avez pas besoin non plus de détruire tout ce que vous avez déjà construit pour trouver le bonheur!

Jusqu'ici vous n'avez pas fait vos choix sans raison.

Que ce soit réfléchit ou automatique, Influencé ou programmé.

Alors maintenant vous devez vivre pleinement votre vie, celle que vous choisissez, celle qui vous correspond à vous.

J'insiste sur le «vous»,

Parce qu'il est interdit de copier sur le voisin! Toutes fois, vous avez le droit de vous en inspirer un peu.

Ne pas vivre votre vie et ne pas développer votre potentiel,

c'est comme si vous receviez un magnifique cadeau dans un superbe emballage et que vous le posiez sur votre table de nuit en vous disant;

«Je l'ouvrirai plus tard».

C'est tout simplement du gâchis.

Et plus vous attendez pour l'ouvrir et plus vous hésiterez par
peur d'être déçu.

C'est dommage de ne pas profiter d'un aussi beau présent.

Dans la société tel que nous la connaissons, nous avons
appris à nous développer à l'inverse de la logique.

Nous devrions faire, avoir et être.

C'est "illogique capitaine".

Imaginez que vous mettiez tous vos efforts à acquérir des
connaissances, des diplômes, de l'argent, une maison, une
femme ou un mari, des enfants, à rentrer bien dans les cases.

Et après toute cette énergie dépensée, toutes ces années
passées, vous vous rendez compte que vous ne vous
connaissez pas.

Vous vous êtes mis de coté pour avancer le plus vite possible
d'un objectif à un autre.

Ça y est, vous avez fait tout ce qu'on attendait de vous, belle
réussite, ou pas.

Et là vous sentez un vide
profond.

Vous avez fait tout ce qu'on
vous a demandé, alors
pourquoi vous sentez vous si
mal?

La pression est retombée, et
vous vous retournez.

Vous vous rendez compte que
vous ne savez pas ce que vous auriez aimé faire.

Vous n'avez pas pris le temps de vous construire de
l'intérieur, mais plutôt de l'extérieur.

Seulement la vie vous aime et ne vous oublie pas, elle vous
tend les mains afin que vous passiez en mode décoration
d'intérieur.

La logique voudrait que vous commenciez par vous
construire et être vous même, ensuite faire ce qui vous fait
vibrer puis avoir ce que vous désirez.

Notre éducation classique ne nous l'enseigne pas. En revanche il existe des écoles et des pédagogies qui développent ces théories.

Une méthode qui se développe énormément de nos jours est celle de Maria Montessori.

Petite biographie selon Wikipédia

"Maria Montessori, née le 31 août 1870 à Chiaravalle près d'Ancône, dans les Marches (Italie), et morte le 6 mai 1952 à Noordwijk aan Zee (Pays-Bas), est une femme médecin et une pédagogue italienne. Elle est mondialement connue pour la méthode pédagogique qui porte son nom, la pédagogie Montessori. Elle était représentée sur le dernier billet de 1000 lires italiennes.

Le concept clé de Maria Montessori est l'idée de l'éducation non pas comme une transmission de savoirs, mais comme l'accompagnement du développement naturel de l'enfant, via un environnement préparé adapté aux caractéristiques et aux besoins de son âge. Sa méthode a vocation à être une pédagogie scientifique, basée sur la connaissance et le respect des lois qui gouvernent le développement psychologique des enfants."

Donc l'enseignement se fait au rythme de l'enfant, et le professionnel l'aide à se construire psychologiquement. Afin qu'il devienne ce qu'il est, il apprend à penser par lui même et à se connaître.

L'enfant a donc une meilleure capacité d'adaptation, devient autonome et a confiance en lui.

Évidemment ce n'est que le résumé d'une méthode puissante, car ce n'est pas le sujet de ce programme. En revanche si vous êtes intéressés par cette méthode, il existe de très bonnes formations pour parents et professionnels.

Si vous pensez que le bonheur est un état, détrompez vous, il se construit à l'aide d'outils puissants qui fonctionnent.

Le bonheur n'est inné chez personne.

Regardez autour de vous! Les gens heureux ont appris à l'être. Et ceux qui ont "tout" pour être heureux, ne savent pas l'être.

Dans 30 jours vous aussi, vous connaitrez les astuces. Vous aurez votre boite à outils du bonheur bien organisée.

Et vous serez expert dans ce domaine.

Vous saurez réagir aux situations.

Mais voyons déjà les anti règles, celles bien ancrées au plus profond de nous.

Attention je ne dis pas qu'il faut tout rejeter en bloc, mais remettre en question notre bel héritage psychologique.

Nos ancêtres n'étaient que des humains, avec leurs qualités, leurs défauts et leurs erreurs. De plus selon les statistiques scientifiques, ils étaient moins intelligents que nous.

De la même manière que nos enfants sont plus évolués que nous. C'est la loi de la nature. C'est simple, nous évoluons. C'est le principe même de tout ce qu'on nous enseigne.

Imaginez donc un débat entre un scientifique extrêmement brillant aujourd'hui et un scientifique du même niveau d'il y a 300 ans. Ce ne serait pas équitable, car le cerveau et les connaissances de celui du 21ème siècle seraient largement plus évolués que celui du 18ème.

Certains grands personnages de l'histoire sont sortis du lot et nous ont apporté leurs lumières à certaines périodes qui nous ont fait faire des bonds en avant.

Mais l'humain du passé était bien moins évolué qu'aujourd'hui. Les découvertes scientifiques des dernières années à tous les niveaux; immunothérapie, génétique, énergétique et j'en passe, montre que nous sommes en train d'évoluer de manière considérable.

Dans le domaine du bonheur et de l'état d'esprit aussi nous progressons. Nous avons le devoir vis à vis de nos propres enfants de remettre régulièrement en question les enseignements de nos ancêtres, afin de ne pas répéter les mêmes erreurs.

Mais la réalité est heureusement un peu plus intéressante.

Puisque nous trainons derrière nous des générations d'aïeuls qui n'ont pas eu le temps de penser au bonheur. Ils avaient mis en place un schéma familial type qui a été chamboulé. Il est donc logique que nous recherchions un nouvel équilibre. Nous avons une chance extraordinaire, la technologie nous permet de dégager du temps. Le 20ème siècle a été un siècle d'évolution coté psychologie, psychiatrie, thérapies et technologie. Donc nous avons tout entre nos mains. D'un coté les machines qui font le travail à notre place; machine à

laver le linge, la vaisselle, four, frigo, micro ondes, etc. Et de
l'autre une meilleure connaissance de l'humain.

LES 10 NON COMMANDEMENTS DU BONHEUR

Donc nous allons remettre quelques règles archaïques en question. Je ne parle pas de rejeter systématiquement ces règles, vous rentreriez dans un autre automatisme. Mais réfléchir si elles vous conviennent, ou si c'est juste un conditionnement.

Vous vous retrouverez dans certains de ces non-commandements, mais pas forcément dans tous. De plus, je vous les ai écris à l'envers, c'est plus fun. Et ça vous rappellera un vieux sage vert avec des grandes oreilles.

Voici les 10 non commandements du bonheur!

🔲 Premier non commandement:

Riche et beau tu seras,

Et le bonheur tu connaitras.

Alors pourquoi certaines personnes riches et belles sont mal dans leur vie?

Cela parait incompréhensible.

Eh bien tout simplement parce que ce n'est pas la recette du bonheur.

 Deuxième non commandement:

Si stable et fixé pour la vie tu es,

Alors Le bonheur tu vas trouver.

Croyez vous sincèrement que décider à un instant T ce que vous voulez faire toute votre vie est une bonne chose pour vous? Alors Pourquoi des PDG ou des fonctionnaires, stables à souhait dans leur vie, ne sont pas heureux, et même parfois se suicident?

Parce que ce n'est pas la recette du bonheur.

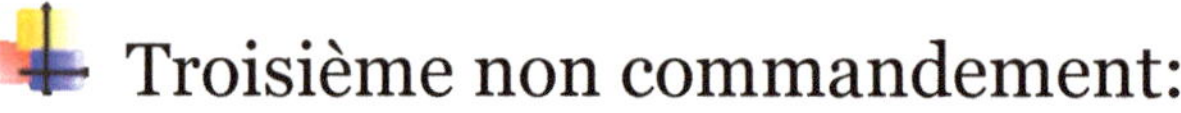 Troisième non commandement:

*T'engager pour la vie avec un/e conjoint/e
sans faire une seule erreur*

tu seras obligé pour trouver le bonheur.

Être seule n'est pas triste. C'est une perception de la solitude erronée. Quant aux erreurs, tout le monde en fait. Et la vie à deux est compliquée. Ce n'est pas non plus la recette du bonheur.

🔱 Quatrième non commandement:

La connaissance t'éclairera,

Et le chemin du bonheur tu trouveras.

J'adooore la connaissance!

Quand j'aime un sujet, je lis tout ce que je trouve dessus et ça me rend heureuse.

Cependant il existe aussi des personnes sans connaissances sincèrement heureux.

Ce n'est pas la recette du bonheur.

🔱 Cinquième non commandement:

Toujours la même route tu suivras,

Du changement peur tu auras,

Pour que le malin tu ne rencontres pas.

La peur du changement, est un réel obstacle au bonheur. Tout simplement parce que si vous n'êtes pas satisfait, vous avez certainement besoin de changement. Et si vous en avez peur, vous ne pouvez pas chercher ailleurs que sur les sentiers battus.

 Sixième non commandement:

Le bien tu embrasseras et le mal tu éviteras,

Sinon coupable tu te sentiras.

En fait personne ne nous apprend à réparer nos erreurs, à accepter notre coté sombre. Ce qui fait que nous restons bloqué sur une idée ou tout est blanc ou noir. Mais en fait le yin et yang, et même notre société occidentale nous montre que nous sommes dans un monde de dualité. Pour vivre bien il vaut mieux savoir mettre de l'eau dans son vin. Le coté sombre de la force est très attirant, ne pas l'accepter du tout est extrêmement frustrant. Et ne pas accepté de se sentir attiré par ce coté nous rend mauvais à nos propres yeux. Nous finissons par avoir une mauvaise image de nous. Donc suivre ce non commandement n'est pas non plus la recette du bonheur. Acceptez vos contradictions! Et vous serez plus serein.

 Septième non commandement:

Ton père et ta mère tu écouteras

Du regard de tes parents tu ne te détourneras.

J'entends déjà vos pensées. Entre ceux qui se disent «mais mes parents sont importants, je les aime», et les autres «moi je le ai déjà mis de coté, je fais ce que je veux». Effectivement les parents n'ont pas la science infuse. Et, malgré tout l'amour et le respect que vous leur portez, s'interdire de remettre en question ce qu'ils pensent est dangereux. Vous vous retrouvez figé dans l'image qu'ils ont de vous.

Ou bien vous faites ce que vous désirez. Mais vous vous sentez mal à l'idée de trahir leurs attentes. Même à titre posthume.

Il serai plus juste de dire: «respectes ton père et ta mère». Le mot «respectes» a une importance fondamentale. Il signifie qu'il faut d'abord accepter leur coté humain, avec leurs qualités et leurs défauts, leurs forces et leurs faiblesses. Puis les respecter et les aimer malgré cela, donc il est plus sain de ne pas ni les aduler, ni les rejeter.

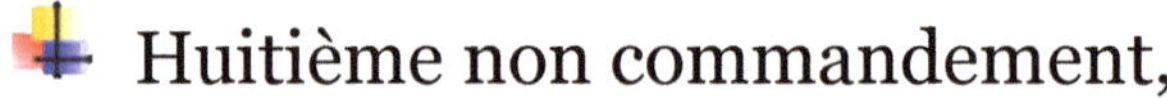 Huitième non commandement,

Du cœur tu t'éloigneras,

Et seul la raison tu embrasseras.

Devenir adulte n'est pas apprendre à étouffer ses sentiments, afin de ne plus souffrir et vivre sereinement. Votre cœur ne peux pas rester enfermé constamment, cela crée une frustration trop grande. Et lorsqu'il se réveil et se crée un chemin vers la sortie, le déséquilibre n'en est que plus grand. Par contre trouver l'équilibre entre le cœur et la raison, amène à la sagesse.

 Neuvième non commandement:

Et à toi tu ne penseras pas

Sinon d'égoïste traité tu seras.

Et pourtant "charité bien ordonnée commence par soi même". Pour pouvoir faire du bien, il faut déjà se sentir bien soi même.

🞣 Dixième non commandement

Peur de l'étranger tu auras,

Et ta sécurité tu garderas.

Ça vous pousse à la paranoïa, plutôt que de vous ouvrir vers le monde et à la différence.

Et pourtant il existe une très longue liste de personnes célèbres, belles, riches, cultivées, qui ont mis fin à leurs jours. Vous pouvez la trouver sur Wikipédia

Maintenant que cela est clair, parlons du programme pour trouver ce fameux bonheur.

COMMENT JE SUIS ARRIVÉE À CRÉER CE PROGRAMME ?

Personnellement, enfant, lorsque je voyais tous les types de schémas des couples autour de moi et ce à quoi ils aspiraient, je me disais

"Je crois que je ne suis pas faite pour le bonheur,

ou bien c'est lui qui n'est pas fait pour moi".

J'étais vraiment mal, je ne me voyais pas sortir de cette situation.

J'étais destructrice et auto destructrice.

Je ne voyais pas comment être heureuse dans cette société.

La seule solution que je voyais était de mourir.

Mais je me disais que cela ferait du mal à ma famille,

Bien que je pensais qu'ils ne m'aimaient pas beaucoup,

Puisque je ne collais pas au cadre.

Puis, j'ai réfléchis, je me suis rebellée. J'ai été une adolescente atroce. Mes parents ont souffert. J'ai tout remis en question, et cherché loin de mon entourage, ce qui pouvait me correspondre. J'y ai passé de années. J'ai suivi un chemin initiatique. J'ai lu beaucoup, rencontré des gens extraordinaires, vécu de belles aventures. Je suis passé d'un extrême à un autre. J'ai créé ma «légende personnelle».

Et vous savez quoi?

"J'ai trouvé le bonheur!"

Je ne regrette rien, Et je remercie pour tout ce que j'ai vécu.

Mais si on m'avait guidé, ça m'aurait évité des années de recherches, et d'énergie à me battre et à me rebeller.

Alors si vous pouviez éviter encore des années de remises en question et que vous trouviez la solution durant les 30 jours à venir, ça vous intéresserait?

COMMENT OPTIMISER CE PROGRAMME ?

Comment vous pouvez tirer profit au maximum de ce guide pratique vers votre liberté émotionnelle?

Ce n'est pas de la magie, mais plutôt un guide logique et pragmatique.

Simplement si vous changez vos habitudes durant 30 jours,

Cela sera ancré en vous.

Vous devez suivre les exercices et rentrer dans le jeu.

Suivre ce programme comme une vrai formation.

Vous pouvez renforcer les effets avec des fleurs de Bach personnalisées, des tisanes, des cristaux et de l'aromathérapie.

Surtout faites vous confiance, et prenez ce qui vous attire. De plus n'ayez pas peur de la remise en question, c'est ce qui fait la différence entre avancer et tourner en rond.

Dans quelle situation ce programme ne marche pas?

Vous aurez plus de mal à évoluer, si vous avez une peur insurmontable du regard de l'autre. C'est à dire que vous pensez que l'opinion de votre entourage proche ou moins proche vous concernant, est plus importante que votre bien être mentale.

Pour réussir à évoluer vite et sans passer par une thérapie longue, il va falloir essayer petit à petit de faire abstraction du regard d'autrui. Ce qui marche dans toute discipline est de répéter régulièrement les actions, d'y mettre de l'émotion et d'y croire.

Ce que vous aurez apprit à faire dans une semaine:

- Vous traiter comme la personne la plus importante sur terre, que vous êtes.

- Travailler votre respiration afin de pouvoir prendre du recul sur les évènements extérieurs, et vous recentrer sur vous.

- Vous connaître vous et vos priorités.

- Savoir reconnaitre et mettre de coté ce qui vous est néfaste.

Durant la deuxième semaine vous apprendrez:

🔷 La gratitude,

🔷 À demander à la vie,

🔷 À nettoyer votre passé,

🔷 À rayonner d'amour

La troisième semaine vous servira à:

🔷 Solidifier l'apprentissage des 2 premières semaines.

🔷 Ainsi qu'à savoir prendre des leçons de vos expériences

🔷 L'équilibre émotionnel

🔷 Vivre au présent

🔷 Partager votre amour

La quatrième semaine:

+ L'amour universel

+ Vous protéger

+ Être en accord avec vous même

+ Tout a une fin.

Le vrai bonheur n'est pas la recherche de l'autre mais bien la recherche de soi

"C'est grave de s'obliger à ressembler à tout le monde: cela provoque des névroses, des psychoses, des paranoïas."

Paulo Coelho, Véronika décide de mourir.

Je vous entends vous dire, mais je ne vais pas réfléchir à tout ce que je fais?

Ne vous inquiétez pas, si au début cela demande réflexion, par la suite ce sera automatique pour vous.

Le bonheur est donné à tout le monde, il ne coute rien. Mais si vous voulez le trouver, il faut apprendre à canaliser vos pensées, vos paroles, vos actes. Si vous suivez ce conseil, vous allez très vite, savoir gérer vos idées. Ainsi que ne créer que des vibrations de bonheur en vous et autour de vous. Vous rayonnerez de l'intérieur. Si cet ouvrage se retrouve entre vos mains, ce n'est pas un hasard, c'est surement votre moment d'éveil. Et si vous pensez que vous pouvez aider quelqu'un d'autre, n'hésitez pas à le partager.

Mon conseil pour optimiser votre évolution, est de le lire en entier avant de le commencer.

Je vous souhaite une magnifique aventure.

LE PROGRAMME ENFIN

Et si je vous disais que dans 30 jours, vous même, avec votre situation actuelle, vous serez plus heureux.

Et c'est quand vous vous sentez bien que vous pouvez construire votre propre légende. Vous ne me croiriez pas, n'est ce pas?

Pour atteindre un objectif, il faut y croire. Sinon on a tendance à lâcher avant d'y arriver, par peur d'être déçu, ou par peur de l'échec.

Alors je vous lance le défi de tenter de changer tout ça en 30 petits jours. Arrêtez d'être en pilote automatique, de subir votre vie. Et commencez à la vivre pleinement.

Durant ce programme de 30 jours vous apprendrez à:

- Déprogrammer le pilote automatique grâce à des petits exercices très simples

- Une meilleure solidité et liberté émotionnelle

Être imperméable aux agressions extérieures

Vous occuper de vous d'abord

Ejecter ce qui vous dérange

Vous protéger

La gratitude

Croire pour être et avoir

Gérer vos émotions

Être en accord avec vous même

Filtrer le négatif

Faire le nettoyage de votre passé.

Vivre au présent

Avoir confiance en l'avenir

Apprendre de chaque leçon

Savoir ce que vous voulez

✛ Avoir confiance en vous

✛ Focaliser sur le positif

Dans 30 jours vous serez capables de:

✛ Savoir ce qui est bon pour vous ou pas

✛ Reconnaitre les personnes qui vous sont nocives ou
bénéfiques

✛ Ne plus accepter de vous faire du mal

✛ Être en phase avec vous même

✛ Protégez votre énergie vitale

✛ Dire non et oui quand vous le pensez vraiment

✛ Soutenir une discussion avec plus de confiance

✛ Accepter vos contradictions

✛ Commencer à croire en vous

✛ À voir le coté du verre plein

+ À remercier

+ À vous faire plaisir

+ À penser à vous sans culpabiliser

+ À vous aimez

Dans 30 jours, vous aurez plus de temps, plus d'énergie et plus de concentration, une meilleure capacité d'observation, d'action et d'intuition.

Ce programme ne marche pas, si vous ne l'appliquez pas.

Alors prenez ces 30 jours comme un jeu.

Je vais vous donner des exercices courts et simples à intégrer à votre quotidien.

Vous allez les faire et sentir les changements des les premiers jours.

Alors c'est parti!

Deuxième partie:

Le programme

Bienvenue dans ce nouveau concept exceptionnel!

Le bonheur c'est maintenant!

Rentrons directement dans le vif du sujet.

Quand j'ai écris ce programme j'ai voulu vous proposer toutes les techniques des le premier jour.

Il m'a été très difficile de faire une chronologie.

Je pense sincèrement qu'elles sont toutes importantes et puissantes.

Mais je sais, par expérience, qu'il est impossible de bien évoluer simultanément dans tous les domaines.

Vous devez assimiler les techniques et progresser étape par étape.

Par conséquent ce programme compte 4 à 5 exercices par semaine.

Ce qui vous donne le temps de les digérer.

En les pratiquant tous les jours, au bout de 7 jours vous aurez intégré les premières techniques.

La première semaine est la semaine de la rébellion, la remise en question.

Avez vous fait votre crise d'adolescence?

Et pourtant, elle est extrêmement importante pour se couper de son entourage et se rapprocher de soi même.

Alors faites une mini crise d'ado à retardement.

Dites non! Apprenez à dire non quand vous pensez que ce n'est pas ce que vous voulez.

Dites oui! Et osez dire oui quand vous en avez envie, en mettant vos appréhensions de coté.

Rebellez vous!

Les débuts sont toujours plus difficiles. Une voiture a besoin de plus de puissance quand elle démarre, et qu'elle passe la première vitesse pour avancer. Après vous passez en vitesse de croisière. Puis, par la suite, en pilote automatique, c'est la meilleure période! À ce moment là vous allez même oublier les efforts que cela vous a demandés au début.

Je vais vous donnez un secret que j'ai expérimenté tout au long de ma vie;

La loi des 3 tests.

Dans chaque décision d'évolution, l'univers, vérifiera si vous tenez votre résolution. Par exemple vous décidez d'arrêter de parler d'une personne qui vous dérange, vous sentez que cela vous fait du mal. Le lendemain, comme par hasard, quelqu'un que vous rencontrez vous parle de cette personne. Vous vous dites « c'est bizarre, je voulais arrêter de parler d'elle et ça me rattrape ». Puis vous vous sentez mal à nouveau. Et vous retombez dans la situation que vous vouliez éviter. Vous n'avez pas passé le test, vous redescendez.

En revanche, si vous connaissez cette loi des 3 tests, vous vous direz «c'est logique, je passe le premier test», vous serez déjà moins attaché à la discussion, vous la prendrez avec plus de recul et vous n'y participerez pas, ou de loin.

Plus vous êtes claire dans votre décision, et plus le deuxième test sera facile, par conséquent vous ne sentirez presque pas le troisième.

Une fois que vous avez passée ces 3 tests, vous passez à la prochaine étape.

Je pense que cela vous aidera à tenir votre cap.

Vous êtes prêt?

Alors c'est parti!

Technique 1

Respecte tes 5 sens !

Premier commandement

Respecte toi,

Et bien tu te sentiras

Au risque de vous choquer, je vous respecte plus que vous ne vous respectez vous même.

Parce je crois en chacun d'entres vous.

Paulo Coelho dans Veronika décide de mourir écrit

"C'est grave de s'obliger à ressembler à tout le monde :

Cela provoque des névroses, des psychoses, des paranoïas."

Je sais que je vous l'ai déjà cité plus tôt, mais je vous le répète, c'est extrêmement important.

Vous êtes unique, en outre vous ne pouvez pas mimer votre prochain en pensant que cela est bon pour vous si vous n'avez pas testé, et réfléchit par vous même. Vous pouvez vous en inspirer, ce n'est pas la même chose.

Le concept peut paraitre compliqué, mais en pratique c'est plutôt simple. Vous devez juste respecter vos 5 sens qui sont:

1. L'ouïe

2. Le goût

3. Le toucher

4. L'odorat

5. La vue

Tout ce que vous percevez de prés ou de loin a un impact sur vous. Donc il faut stopper le conditionnement. Pour évoluer rapidement, passez à l'action, et bloquez tout ce qui vous fait du mal au quotidien, des aujourd'hui. N'acceptez que le bon. Vous allez mettre en place un filtre. Pour bien vous faire comprendre le système; ce n'est pas votre environnement qui compte, mais bien ce que vous ressentez. Le bien et le mal sont partout, ce qui peut être bénéfique pour votre voisin, ne l'est pas forcément pour vous.

Chaque sens peut faire l'objet d'un livre à lui seul, mais juste pour vous expliquer à quel point chacun a son importance, voici un petit explicatif.

1. L'ouïe

Tout ce que vous entendez et avez entendu en bien ou en mal vous a influencé: Des paroles blessantes, des reproches, de l'agressivité, des sons ou de la musique que vous n'aimez pas, une émission sur un sujet qui vous touche particulièrement, bref tout ! Et inversement, des mots affectueux, de la musique qui vous fait du bien. Les paroles sont extrêmement puissantes.
Victor Hugo (1802-1885) a dit: *"De quelques mots profonds tout homme est le disciple"*

De plus A. Robbins nous dit ceci : *« En choisissant judicieusement nos mots pour décrire l'expérience de notre vie, nous pouvons intensifier toutes nos émotions. En les choisissant mal, ils peuvent nous anéantir sûrement et rapidement. Prenez conscience du pouvoir que nous procurent les mots. »*

Donc ce que vous dites aussi est important. Aussi, en changeant simplement votre vocabulaire usuel pour décrire vos émotions, vous pouvez modifier votre façon de penser, vos sentiments et votre manière de vivre.

« Les mots façonnent nos croyances. Ils ont un impact sur nos actes. » A. ROBBINS

Effectivement nous remarquons tout au long de l'histoire, que les mots permettent de manipuler tout un peuple. Tel que la montée du nazisme. Franchement, quand on y pense, comment un petit homme brun aux yeux marrons avec une moustache, à réussit à manipuler toute une population en leur dictant de tuer tout ce qui n'était pas blond aux yeux bleus? C'est totalement illogique. La force de la parole!

Exercice:

Écoutez vous et ressentez l'effet que ce que vous entendez a sur vous. Si cela vous met dans un état de mal être, il faut arrêter. Je vous entends déjà poser la question:

«Mais comment ? Nous ne sommes pas maitres de ce que nous entendons.» Et vous avez raison! Ce n'est pas si simple de changer son mécanisme. Mais Si vous avez l'intime conviction que votre bonheur en dépend, vous saurez tourner le dos ou détourner une discussion qui vous dérange, ou bien éteindre une émission. Aussi je vous propose de faire attention à ce que vous entendez, de faire le ménage et de rééduquer les personnes qui vous entourent.

Vous pouvez:

- Leur dire que cela ne vous intéresse pas en les tournant vers un sujet plus positif
- Rester calme et ferme aide à se faire respecter
- Parler avec assurance
- Ne pas s'énerver et rester logique sans se perdre dans ses émotions, en tous cas en apparence.
- Montrer que vous savez ce que vous voulez, déterminé.

Au fur et à mesure vous verrez que votre entourages ne vous parlera plus de ce que vous ne voulez pas entendre. Mais cela peut prendre un peu de temps et il faut tenir bon. N'oubliez pas la loi des 3 tests.

2. Le goût

Une étude en juillet 2004 du magazine The Economist décrivit les conditions de vie à Msekeni au Malawi, un pays pauvre du Sud de l'Afrique où "la moitié des enfants de moins de 5 ans souffre de malnutrition au point que leur croissance en est affectée".

Cependant, depuis qu'un programme permettant aux enfants de recevoir de la nourriture dans les écoles a été mis en place en 1999, des changements remarquables ont été notés. À présent, le taux de réussite a largement évolué, passant de 30% à 85%". Ces résultats démontrèrent qu'une "meilleure nutrition permet aux enfants d'être plus intelligents", "de grandir et de se développer" plus facilement. Ils avaient simplement besoin de suffisamment de nourriture adéquate.

Effectivement, ce que nous consommons est extrêmement important et impact sur nos émotions. Plusieurs études, notamment une qui émane de l'association Food for the Brain (Nourriture pour l'esprit), semble montrer qu'il existe un lien entre la glycémie et l'humeur. Le stress ou la déprime rendent agressifs ou de méchante humeur. L'hyperglycémie ou l'hyper calorie induisent un bien être et une joie, raison pour laquelle on prescrit aux déprimés des régimes hypercaloriques et hyper glycémiques. Alors mieux vaut prendre un peu de sucre ou de confiture ! Des aliments "bons pour le moral", ceux que vous aimez. Mais résolument, le moral est influencé par votre glycémie. Les aliments qui apportent magnésium et vitamines du groupe B sont certainement positifs pour l'équilibre nerveux… mais se faire plaisir reste encore le meilleur des menus Alors, réapprenez juste à vous faire plaisir.

Exercice:

Réfléchissez et kiffez!

Exemple:

Vous avez l'habitude de prendre un café le matin. Mais si durant les 30 jours qui viennent vous réfléchissiez à vos envies. Peut être préfériez vous du pain avec du beurre, ou même du salé, mais vous n'en n'avez pas l'habitude. Si ça vous tente, essayez du pain et du fromage. Pour la boisson, peut être qu'un thé au jasmin ou à la vanille vous ferait plus plaisir. Réfléchissez à votre propre goût, et n'ayez pas peur du changement. La règle c'est qu'il n'y a pas de règle.

Écoutez vous, écoutez vous vraiment et sincèrement. Cherchez vous, et à acceptez vos changements au jour le jour.

Ne faites pas les choses par habitude!

Et faites vous confiance!

3. Le Toucher

La preuve des bienfaits des thérapies de contact, comme les massage n'est plus à faire. Un simple contact physique stimule déjà tout votre métabolisme.

Exercice:

Si vous avez des gens proches, enfants, conjoint/e, parents, essayez de faire des câlins. Dites bonjour en vous prenant dans les bras et mettez bien vos mains à plats dans le dos ou sur les épaules. Je suis consciente que ce n'est pas facile si c'est inhabituel dans votre famille. Je vous déconseille d'aller trop vite, votre entourage se sentirait agressé. Rapprochez vous progressivement. Si vous voulez aller plus loin, allez vous faire masser. Mais ne reculez pas quand on vous prend le bras. Au contraire, si vous sentez que l'énergie de la personne vous fait du bien, acceptez de recevoir. Même si ce n'est juste qu'une poignée de main, soyez sincère, mettez de l'amour dans ce contact. Je rencontre des personnes qui me tendent une main sans aucun dynamisme, vous savez une main molle, fuyante? Eh bien c'est exactement ce qu'il ne faut pas faire! Regardez votre interlocuteur dans les yeux et donnez lui une poignée de main ferme et sincère. Soyez en recherche de contact et ne le fuyez pas.

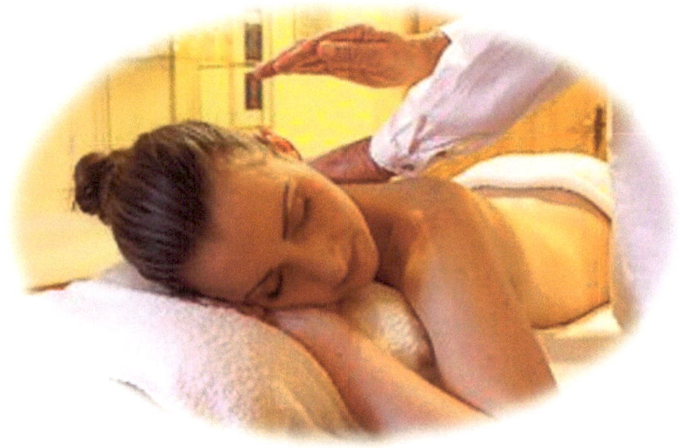

4. L'Odorat

Selon la kabbale; L'odorat est le sens le plus important pour bien développer votre sensibilité. Votre respiration vous rapproche de votre « âme ». En hébreu, les mot respiration (nechima) et âme (nechama) sont similaires. La seule différence entre ces deux mots est la lettre youd, la première lettre de Yahvé. C'est donc par la respiration que nous pouvons nous reconnecter à notre moi profond, et notre coté « divin » ainsi qu'atteindre d'autres états de conscience. En outre la prochaine technique de ce programme vous apprendra à respirer.

Exercice : Evitez au maximum les odeurs que vous n'aimez pas. En revanche inspirez profondément et prenez 2 minutes pour humer une odeur que vous rencontrez et que vous

aimez. Mettez des arômes qui vous font plaisir, sur vous,
dans votre maison.

Faites vous plaisir!

5. La vue

Un proverbe qui apparaît dans le dictionnaire de français
Littré dit

"Les yeux sont le miroir de l'âme"

Les yeux reflètent les émotions. On peut lire le caractère et
les sentiments d'un individu dans ses yeux. On dit que
lorsqu'on plonge au plus profond d'un regard il est possible
de voir l'âme d'une personne De même que le menteur est
trahi par son regard. Tout ce que vous voyez vous touche
profondément. Et d'ailleurs les médias s'en servent

allègrement. Un conseil; arrêtez de regarder les informations en mangeant. Si vous tenez à voir la télévision en mangeant, ne mettez pas toute la misère du monde devant vous. Mais plutôt un film comique, léger, sans trop d'émotions, ce sera plus digeste.

Exercice:

Arrêtez de regarder des images, vidéos, émissions et tout ce qui vous fait du mal. Ne vous inquiétez pas, quand vous aurez un moral extra solide, si vous y tenez absolument, vous pourrez revoir tout ce que vous voulez. Donc ne gardez que des images qui vous font du bien!

Positives, fun, sympas, légères!

Et choisissez des couleurs que vous aimez, pas celle qu'on vous impose de par la mode, ou les saisons. N'ayez pas peur de votre sensibilité, c'est une qualité. La solidité n'est pas de ne plus être sensible mais de trouver un équilibre entre le coeur et l'esprit, entre votre quotient émotionnel et intellectuel. Afin de savoir doser votre recul face aux évènements.

Ce que vous apprenez en faisant ces exercices durant 30 jours:

- À vous respecter et vous considérer comme la personne la plus importante sur terre
- À vous comporter avec vous même comme avec un invité de marque
- À reconsidérer ce que vous désirez sincèrement
- Vous déconnectez les conditionnements grâce à de simples exercices.

Vous avez commencé à changer l'énergie qui vous entoure et donc tout ce qui est autour de vous commence déjà à se modifier. C'est simple, mais puissant.

Et maintenant respirez!

Respire à fond!

Deuxième commandement:

Mieux tu respireras,

Plus vieux tu vivras

Extraordinaire!

Quand j'ai écris le nom de cette technique, il y avait mon conjoint à coté de moi, et rien qu'en lisant le titre il a respiré profondément. C'est la raison pour laquelle j'ai gardé le titre. Quand je l'ai vu réagir, j'ai pensé que cela vous parlerez aussi. Donc comme le nom l'indique; Respire à fond!

Recommandations pour l'exercice :

Le plus pratique selon mon expérience, est de pratiquer cet exercice dans votre lit tous les matins avant d'attaquer la journée, et tous les soirs avant de dormir. Parce que, si vous êtes une personne active, il est plus difficile de couper votre journée une fois entamée. De plus, la relaxation du matin vous donne la force et la sagesse pour la journée, et celle du soir vous permet d'avoir un sommeil réparateur. Mais c'est à vous de décider et de l'adapter à votre rythme de vie.

Prenez une position confortable, assis, ou allongé, comme vous préférez, dans des habits amples.

Retirez tous les bijoux et surtout les bijoux en or. En bioénergie nous apprenons que l'or bloque l'énergie. Mais si vous pouvez tout enlever c'est le mieux.

Ne croisez pas les bras, les mains, ou les jambes.

Si vous le pouvez mettez une musique de relaxation, une bougie, et de l'encens. Cela aide vraiment à se détendre.

La respiration abdomino-thoracique:

Voici un petit exercice pour apprendre à contrôler son souffle. Pour savoir si vous respirez par le ventre ou le thorax, il suffit de s'allonger et de placer une main sur le ventre et une sur la poitrine, puis d'observer lors de la respiration laquelle se soulève en premier. Si vous respirez par le thorax vous n'utilisez pas pleinement les capacités de vos poumons et de surcroît vous vous fatiguez plus vite.

Apprenez alors à modifier votre souffle.

Concrètement, au début de l'exercice, concentrez-vous sur votre inspiration. Relâchez bien votre ventre et gonflez le petit à petit, régulièrement comme un ballon. À ce moment votre diaphragme s'ouvre et vous absorbez alors une grande quantité d'oxygène et donc d'énergie. Lors de l'expiration, soufflez l'air de vos poumons en rentrant votre ventre le plus possible, votre diaphragme remonte alors et vide vos poumons.

L'exercice

- Première étape: La respiration

Inspirez profondément par le nez, en rentrant l'air d'abord dans le ventre puis dans la poitrine, comme nous venons de le voir. Une fois que vous ne pouvez plus rentrer d'air, bloquez la respiration 3 secondes environ et expirez par la bouche. Videz votre corps de l'air. Vous allez sentir votre ventre se dégonfler, Allez jusqu'au bout de l'expiration.

- Deuxième étape: La visualisation

Quand l'air pénètre, imaginez une lumière d'une couleur jaune or, comme le soleil, entrer en vous, le positif. Puis à l'expiration, pensez que vous éjectez une couleur sombre, le négatif. Vous allez remplacer tout ce qui est négatif, par le positif. Faites ça quelques fois, et concentrez vous sur cette respiration. Si des idées viennent vous envahir, laissez les passer, ne bloquez pas dessus.

- Troisième étape: La relaxation totale

L'exercice suivant prend un peu plus de temps. Il est en option. Une fois que vous avez prit le coup pour la visualisation, Faites le les jours où vous pouvez prendre le temps. Faites entrer cette magnifique lumière dans chaque membre de votre corps un après l'autre, afin d'en détendre et de libérer les tensions. Inspirez en visualisant et ressentant que cette lumière vous envahit, puis expirez en éjectant le coté sombre. D'abord dans votre tête ensuite dans votre nuque, puis le coup, la poitrine, l'épaule gauche, le bras gauche, etc. Jusqu'aux pieds. Essayez de garder un ordre logique pour ne pas avoir à vous concentrer dessus.

Remerciez pour cette nouvelle journée qui arrive ou qui finit.

Et Rassurez vous, la technique suivante est nettement plus terre à terre !

Technique 3

La liste de kifs

Troisième
commandement:

*Plus de kifs tu
entreprends*

Plus ton séjour sur terre sera dément

Voilà l'exercice:

Faites une liste de kifs et suivez là comme si c'était aussi important que vos obligations. Donnez vous des objectifs de plaisirs l n'y a pas que des obligations dans la vie, il y a aussi les loisirs. Vous choisissez de bien vivre cette vie présente. Alors plutôt que de chercher une raison à votre mal être, vivez dans le bien être. Ne vous cherchez pas d'excuses de karma, de vies antérieures, d'entourage, d'enfance. Cette musique là vous la connaissez déjà. Agissez et vous comprendrez plus tard. Ce que vous voulez, c'est avoir le choix, le libre arbitre. Et parmi ce choix, vous décidez de ce que vous aimez et ce que vous voulez avoir et faire.

Commencez par vous faire une liste de kifs accessibles pour vous dès aujourd'hui. Et surtout pensez que vous le méritez!

Donc rappelez vous, vous méritez d'être heureux/se !

Mais d'abord il faut que vous sachiez de quoi vous avez envie. Au lieu de rêver vos envies, et de procrastiner, il vaut mieux les vivre. Mais faites le! Ne restez pas à imaginer, faites vous plaisir!

Comme dit la célèbre citation de François Garagnon:

"Il vaut mieux vivre ses rêves que rêver sa vie."

Parfois on se rend compte que ce qu'on veut n'est pas si inaccessible. Mais la peur de la déception, ou de l'échec, est souvent un frein à nos envies. Ou simplement parce que vous vous êtes tellement mis de coté, que vous vous êtes oubliés. Et pourtant mettre en application de simples idées nous permet de progresser à grands pas et de mieux nous connaître.

Paulo Coelho a écrit dans l'Alchimiste:

"C'est justement la possibilité de réaliser un rêve qui rend la vie intéressante" et

"La peur de la souffrance est bien pire que la souffrance elle-même..."

Conseils pour créer votre liste:

Restez en accord avec vous même et vos 5 sens. Faites la liste par écrit et par ordre de priorité et de possibilité. Démarrer un cours d'art ou de théâtre, ou se mettre au tennis est bien plus simple à réaliser que de partir en Inde durant 2 mois, ou de s'installer aux Bahamas.

Il y a les plaisirs applicables au quotidien, hebdomadaire,
mensuel ou annuel. Puis en fonction du budget, ne vous
limitez pas, on ne sait pas de quoi sera fait demain, mais
mettez la dans l'ordre de possibilités. Pour pouvoir se faire
plaisir, parfois il faut laisser de coté quelques petites
obligations. Apprenez à lâcher prise et à reporter ce que vous
pouvez, pour vous dégager du temps. Mettez le focus sur le
plaisir que vous avez réussi à réaliser, pas sur les restants.

Bravo!

Vous venez de vous faire passer en priorité, et de vous donner
de la joie à vous même. Parce que "charité bien ordonnée
commence par soi même" Et pour dégager du temps Vous
allez passer à la technique suivante

Le lâché de soulages

Quatrième commandement

Moins de soulages tu auras

Plus léger tu vivras

Après avoir définit ce qui vous donnait envie, définissez ce qui passe à la poubelle.

Ménage!

Les personnes et les tâches que vous n'aimez pas. Ce que vous détestez le plus faire ou voir. Pas le temps pour ça! Donc vous allez garder que ce qui est absolument nécessaire.

Exercice : Faites le tri entre les indispensables, les obligatoires mais on peut reporter a demain, et les mises à la corbeille. Puis il va falloir s'arranger avec ce qui reste. Et rendre ces tâches le plus sympas possibles.

Je ne veux pas critiquer les techniques zen, j'en suis personnellement très fervente. Mais faire les tâches quotidiennes « en pleine conscience » peut prendre des années. À moins de faire de la méditation ou autres pratiques depuis longtemps il est difficile d'arriver à ce résultat.

J'ai trouvé une technique plus fun !

Mettez de la musique sympa et dansez en même temps, un film comique que vous affectionnée particulièrement, un sketch, un cours de Zumba sur votre tablette, ou même un cours sur un sujet qui vous intéresse, n'importe quoi du moment que vous aimez. Associez ce moment avec un plaisir compatible. Si la tâche n'est pas agréable pour vous, l'ambiance vous la rendra plus légère et plus fun. Si vous n'aimez pas quelque chose, il faut l'entourer de douceur et ça passe mieux. C'est valable pour tout; une tâche, un repas, un travail. Cela permet de ne pas mettre le focus sur ce qui est rébarbatif et de se concentrer sur le coté agréable du moment. Faites cet exercice durant 30 jours et plus si affinité, et malgré son coté anodin, vous en ressentirez toute la puissance. À la fin de cette période vous saurez focaliser sur le positif et prendre du recul sur ce qui est négatif.

Fin de la première semaine

Faites le bilan

Eh oui une semaine de passée, c'est fou ce que le temps passe vite. Faisons le bilan de la première semaine.

Vous êtes au centre de vos priorités, et vous faites bien, personne ne le fera pour vous

Vous avez mis de coté ce qui n'est pas indispensable, afin de prendre du temps pour la personne la plus importante sur terre

En outre vous avez appris l'importance des 5 sens, et tout ce qui est possible juste en les respectant

À tout remettre en question systématiquement, donc à savoir ce que vous désirez

À être en accord avec vous même

À vous recentrer sur vous même dans le bon sens du terme

✝ À prendre du recul sur le négatif et mettre le focus sur
le positif

Eh bien sachez que vous venez de passer le plus dur, la phase
de déconditionnement.

Félicitation!

Vous venez de gagner des années de thérapie! Autant s'en
pour le plaisir! Et ce n'est pas finit

Êtes vous prêt/e à passer a la deuxième semaine?

Alors c'est partit!

LA DEUXIÈME SEMAINE

Eh voilà Le plus difficile est passé. Mais il reste encore beaucoup de travail. Et durant cette deuxième semaine, vous allez apprendre la gratitude, le pardon, l'amour. Ne vous laissez pas impressionné par des termes gonflants et prétentieux. En fait c'est ce que nous avons toujours appris avec les étrangers; Dis merci, je suis désolée, et s'il te plait. On les applique tous les jours. Mais si nous l'appliquions sur la vie, comme si l'univers était une personne à qui nous nous adressions?

Nous allons personnaliser l'univers, simplifier le concept.

Commençons par la première technique;

Apprendre à dire merci.

Faites le ménage et allez de l'avant!

Dis merci

Cinquième
commandement:

Gratitude tu donneras

Gratitude tu recevras

Eh ben oui, il faut dire merci à la vie!

🌸 L'exercice de la gratitude:

Il s'agit tout simplement de l'exercice de respiration
quotidien renforcé. .

Finissez en remerciant.

Je vous donne une idée de phrase mais vous pouvez la
traduire dan votre vocabulaire. L'essentiel est surtout de
ressentir sincèrement ce que vous dites.

"Merci l'univers de me ramener à la vie et de me donner la
chance de ce renouveau. Merci pour tout ce que tu m'as

apporté, que tu m'apportes et ce que tu m'apporteras. Merci
de me donner la force d'évoluer"

Ainsi que le soir, remerciez pour la journée que vous venez de
passer. Et essayez de voir le positif de chaque moment.

Donc, vous aussi dites merci à la vie!

Les quatre piliers qui vous feront évoluer dans ce sens sont:

La Répétition; la régularité,

L'émotion; ressentir ce que vous dites,

La conviction; y croire sincèrement.

La détermination; continuez tous les jours, même si au
début vous n'en sentez pas encore les effets.

L'éducation est faite à base de répétition. Parce que la
répétition nous a ancré des croyances difficiles à
déprogrammer. Il faut s'en servir dans le sens inverse, et se
créer des convictions positives. Il est tout à fait normal
d'avoir besoin d'un peu de temps pour commencer à ressentir
ce que vous dites. Soyez indulgents envers vous même, vous
ne pouvez pas changer du jour au lendemain. Ce n'est pas
simple de remercier pour le bien qui ressort ou ressortira

d'une mésaventure, ou pour la leçon qu'on a apprit. Il faut travailler sur notre égo, notre fierté, et notre foi. Certains mots sont à bannir de votre vocabulaire quotidien. Ne dites plus échec, malheur, catastrophe, mais leçon de vie. Ne vous dites plus non plus, pourquoi ça m'arrive à moi? Mais plutôt, merci grâce à cela j'ai appris et évolué. Apprenez à remercier les moments et personnes pour chaque leçon apprise. Et envoyez de l'amour, ne souhaitez toujours que du bien. Vous savez, personnellement, quand je rencontre une personne négative, je ne pense pas de mal sur cette personne, mais plutôt, qu'elle doit vivre avec son énergie néfaste alors que pour moi ce n'est qu'une rencontre. C'est une question de point de vue. Plus vous développerez cette capacité à voir le bien partout et plus vous aurez des réponses rapides à vos interrogations. Simplement parce que lorsqu'un incident arrive, si vous êtes dans une recherche de réponse plutôt que dans la plainte, vous trouverez la solution à votre problème.

À plus petite échelle, on le voit chez les enfants avec leurs parents. J'ai deux filles, une qui adore être indépendante et montrer qu'elle se débrouille et l'autre qui adore être assistée quand je suis là. Quand il arrive un problème à la première, pourtant la plus jeune, elle cherche tout de suite une solution, et en général elle la trouve. Par contre quand la deuxième se trouve en difficulté, elle m'appel avant même de réfléchir à la solution. C'est exactement la même chose pour nous. Si vous

cherchez, en étant sur de trouver, parce que vous savez que la
solution existe, vous la trouverez.

J'ai travaillé dans un cabinet sur internet. Nous faisions des
salons publiques. Chaque client pouvait poser une question et
avait droit à quelques minutes pour avoir sa réponse. Au
début, j'y mettais du cœur pour les aider le mieux possible.
Cela me demandait beaucoup d'énergie, parce que je devais
répondre vite. Puis au fur et à mesure, je me suis rendue
compte que certains revenaient tous les jours avec les mêmes
questions. Toute l'énergie que je mettais à trouver la réponse,
à réfléchir à la question, à parler avec eux, ne servait
absolument à rien. Ils revenaient avec un copier/coller de la
question de la veille. En fait ils ne s'intéressaient même pas à
la solution. Pour moi elle était évidente et pas si compliquée
au fond. Pour eux, c'était perdu d'avance.

Napoléon Hill dans la loi du succès écrit «Chaque échec est
une bénédiction déguisée, pourvu qu'il enseigne une leçon
nécessaire qu'on n'aurai pas apprise sans lui. La plupart de ce
qu'on appelle des échecs sont seulement des défaites
temporaires.»

Quand un évènement arrive on peut toujours en voir le négatif ou le positif. Le premier vous tire vers le bas. Alors que prendre l'habitude de

voir le bon coté dans chaque manifestation va vous faire évoluer. Au début cela demande un effort, mais par la suite ce sera un automatisme. Après vous rayonnerez, et vous serez plus efficient dans tout ce que vous faites. Vous n'apporterez que du bonheur autour de vous et vous n'aurez même plus besoin de l'attendre de l'extérieur. Cela fera partie intégrante de vous même.

Alors elle est pas belle la vie?

Maintenant que vous avez compris la puissance de cette technique vous allez l'ajouter à celles de la première semaine et l'appliquer durant tout le programme. Elle ne vous demande pas plus de temps, juste de changer votre point de vue, rien que ça ;-)

Et nous allons passer à la technique à venir; Vous allez apprendre à demander ce que vous désirez. Puisque quand on ne demande pas, on ne reçoit pas. Et ce n'est pas en marmonnant que ça viendra. Et puis depuis qu'on est petit, on nous dit: "j'ai pas entendu le mot magique" Eh bien cette superbe phrase qui vous énervée étant enfant prend toute son sens à présent.

Apprends à demander à l'univers

Sixième commandement

Si demander tu sais

Recevoir tu pourras

La première semaine vous avez défini ce que vous aimez, vos priorités, ce que vous désirez, ou pas. Et maintenant il faut demander, sinon ça ne sert à rien. Attention, cette technique est puissante. Si vous demandez, vous pourriez voir votre vie changer, et le moment de la transition peut être un peu perturbant.

Lorsque vous cherchez un changement, il faut l'accepter au moment venu. Rappelez vous la loi des 3 tests. Avez vous vu le film «Big» avec Tom Hanks, sortie en 1988? Le petit garçon fait un voeux, il demande à être plus grand, Il se retrouve adulte avec un esprit de 10 ans. C'est exactement ce dont nous parlons! Il n'a pas était assez précis.

Imaginez que vous demandiez tous les jours d'être riche. Tous les jours vous le visualisez, vous jouez le jeu jusqu'au bout. Vous l'écrivez, vous le rêvez. Vous focalisez. Vous savez que vous allez y arriver. Et d'un coup une personne de votre famille que vous aimez beaucoup décède et vous lègue une fortune. C'était une personne jeune. Et c'est un drame dans votre famille. Vous avez donc été exaucé mais vous n'en n'êtes pas ravies pour autant. Vous culpabilisez même de ce qui est arrivé. Cette histoire vous montre qu'il faut être précis. Et pour information, une requête qui ne marche pas non plus c'est: "Avoir plus d'argent". Si vous recevez ne serai ce que 1€ de plus ce mois ci, vous aurez plus d'argent. Je vous parle financier, mais ce concept est valable dans tous les domaines.

Peu importe en définitive comment cela fonctionne. Que ce soit l'univers qui met tout en place ou bien votre subconscient qui focalise sur l'objectif à atteindre; Que ce soit ésotérique ou psychologique, l'essentiel c'est que ça marche. Tout démarre d'une pensée. Dans ce sens: Pensée, Verbe, Action. C'est pour cela que la pensée est extrêmement puissante, c'est le début de tout. Et pour aller plus loin, tout a

démarré d'un rêve. Si cela vous intéresse, je vous donne une
des explications connues.

– La loi d'affinité

Il existe une loi d'affinité d'après laquelle chaque vibration
tend à trouve une autre vibration semblable pour se
fusionner avec elle, attirant donc vers elle d'autres êtres,
éléments ou forces dans l'univers qui possèdent les mêmes
longueurs d'ondes, les mêmes vibrations. C'est ainsi que par
nos pensées, nos sentiments et nos actes, nous attirons les
éléments, les êtres, les événements qui leur correspondent. À
cause de nos pensées et de nos sentiments nous pouvons être
dans des situations épouvantables, et grâce à eux nous
pouvons nous créer un avenir des plus magnifiques. Ne vous
êtes vous jamais rendu compte, quand un sujet vous
intéresse, que vous rencontriez des personnes qui ont le
même centre d'intérêt ? ça a l'air magique, mais selon cette
loi, ce n'est qu'une histoire de vibrations. Mais gardons le
coté magique, c'est plus sympa.

Donc apprenez à demander!

Soyez précis. Définissez vos objectifs. Laissez tomber les jeux
de hasard, ça n'arrive qu'à une personne sur un milliard. Je
parle de vrais souhaits. Imaginez que vous n'ayez pas une vie
sociale satisfaisante. Vous rêvez d'avoir plus d'amis. De

sortir, de vous détachez de votre vie d'obligations. De profiter plus de la vie et vous avez envie pour cela de rencontrer des gens qui vous intéressent. Ne demandez pas; "je veux connaître plus de monde, ou plus d'amis". Mais décrivez les personnes que vous voulez rencontrer; sincères, intéressants, avez des centres d'intérêts communs. Puis écrivez vos voeux. Mettre ses rêves par écrit, aide à les réaliser.

La puissance de la pensée est trop méconnue.

Visualisez

Écrivez

Ressentez

Affirmez

Et pour vous en souvenir, les premières lettres de ces mots forment un mot : VERA.

Donc croyez en vos rêves!

Et ne laissez personnes vous les casser. Si d'autres les ont réalisé, alors vous aussi vous le pouvez. Faites une vraie projection. Et visualisez vous 5mn par jour comme si vous les aviez déjà. Dans l'univers le temps n'existe pas, Pensez au présent. Vous pouvez posez une période probable, afin d'éviter d'attendre vos 90 ans pour recevoir. Faites vos demandes pour les 6 mois, un an, 2 ans à venir et visualisez les tous les jours. N'oubliez pas ce qui fait la différence dans toutes les disciplines;

Répétition,

Émotion,

Conviction,

Détermination!

L'exercice précédent, la gratitude, est indispensable pour être capable de voir les changements arriver autour de vous. Vous allez vous rendre compte au fur et à mesure, que vous rencontrerez de plus en plus de personnes avec lesquelles vous avez des affinités. Vous aurez de plus en plus d'ouvertures.

Exercice à faire:

Demandez, précisez, écrivez, et mettez de coté. Puis durant l'exercice du matin et du soir, projetez vous et ressentez le, comme si vous y étiez au présent. Vous aurez bientôt l'art et

la manière de parler à l'univers. Et maintenant passons à la
vidange, mais pas celle à laquelle vous pensez...

Septième
commandement

*Heureux est celui qui
nettoie son passé*

Tournez vous vers le passé. De la même manière que vous vidangez la voiture, afin de remplacer l'huile crasseuse par de la bonne huile propre et claire, ou que vous vidiez les placards de votre maison des vieilleries, pour les remplacer par du neuf. Vous devez désencrasser votre émotionnel. Sinon il déborde, vous étouffez, et le virus contamine tout votre système. C'est juste extrêmement plus important, parce que, contrairement aux objets matériels, il s'agit de vous, et vous êtes irremplaçables. Pour cela nous avons une chose extraordinairement puissante, nous les humains, un cadeau fabuleux,

C'est le pardon! Et l'oublie!

Ce serait dommage de ne pas s'en servir.t Vous devez pardonner et être pardonné. Puis oublier réellement, afin de passer à autre chose. Pour cette étape, Vous allez vous tourner vers votre passé. C'est, je pense la phase la plus difficile. Parce qu'il faut mettre votre égo de coté. Et il est très envahissant, On ne sait pas toujours où le mettre. Mais ce qui est certain, c'est que nous ne risquons pas de l'égarer. De plus, vous allez ré ouvrir de vieilles blessures. De toutes manières, si elles n'ont pas cicatrisées, il vaut mieux vite vous en occuper, sinon cela risque de s'infecter, si ce n'est déjà fait. Elles vous font encore mal et il est temps de vous en débarrasser. Quelle est la personne la mieux placée pour savoir d'où viennent les rancoeurs, si ce n'est vous même. Vous allez les sortir, par écrit ou à l'orale, mais il faut que ça sorte.

Écrivez à tout ceux à qui vous en voulez, ou à qui vous voudriez vous excuser. Vos regrets et remords. Que vous vous sentiez victime ou coupable, le travail est le même. Il existe deux cas de figures; ou ces personnes sont encore en vie, ou pas.

Pour le premier cas, vous pouvez aller leur en parler directement. Cependant il n'est pas toujours facile de foncer dans le tas. Ce serait même parfois suicidaire. Puis il faut pouvoir assurer l'incident diplomatique derrière, surtout si cela contamine toute votre famille. Certaines personnes ne sont pas encore prêtes à faire face à des vérités. Aussi, parfois il est plus difficile de faire du mal, que de garder cela pour soi. Si c'est votre cas, écrivez ce que vous ressentez avec conviction, comme si vous vous adressiez vraiment à la personne et brûler la lettre, ou faites semblant de l'envoyer.

Dans le deuxième cas, allez vous recueillir sur leur tombe, dites leur ce que vous pensez et ressentez. Que vous soyez énervés contre lui/elle, que vous pleuriez, Que vous soyez peinés, ou bien que vous en vouliez à vous même, cela vous fera du bien. Dans l'absolue, la tombe n'est pas importante, vous pourriez aussi bien le faire de chez vous. Mais cela peut avoir un effet psychologique puissant sur vous.

Je vais vous dire un secret; Dans une relation il y a deux personnes et aucun de vous n'est totalement coupable ou victime. Que vous vous sentiez blessés ou fautifs, il existe généralement une raison à cela, qui est indépendante de votre volonté. Donc vous n'êtes pas seul responsable et réciproquement. Et malgré une implication émotionnelle évidente, essayez de revoir la situation objectivement. Comme je vous l'ai déjà dit, travailler sur le passé est la plus difficile étape de ce programme. Il faut se libérer de ses émotions, et être assez solide pour se relever. Mais rien n'est pour rien. Tout est là pour nous apprendre quelque chose.

C'est en apprenant du passé qu'on construit mieux son avenir. Ce qui ne vous tue pas vous rend plus fort. Donc Servez vous de votre passé pour construire un meilleur avenir. Finit le blocage dans le passé, les traumatismes sont fait pour vous faire grandir.

Il n'existe pas d'échec, ce ne sont que des leçons de vie.

Les inhibitions émotionnelles n'existent que parce que nous les laissons s'ancrer en nous. Alors qu'elles devraient nous pousser à évoluer. Vous pouvez faire face à votre passé.

Coupez le cordon!

Et arrêtez de mettre tout sur le dos de vos parents. Ils ont fait ce qu'ils pouvaient avec ce qu'ils avaient. Maintenant votre mission est de trouver des solutions, pas de chercher à remettre la responsabilité sur d'autres, c'est une perte d'énergie. De toutes manières vous ne pouvez pas avancer dans la vie sans prendre de leçons, sinon vous auriez encore l'esprit d'un nourrisson. Par conséquent nous serions encore des hommes de Cro-Magnon. Chaque leçon est un cadeau. Chaque expérience vous grandit. Sans "problème" personne ne chercherait de solution. Et il n'y aurait pas eu d'évolution. Il n'existe pas de problème sans solution. Gardez ce que vous aimez et jeter le reste aux oubliettes.

Ok! Donc une semaine de fou! Et la deuxième paraît être
encore plus dingue!

On a nettoyé le passé! Si vous avez suivi ce que je viens
d'écrire; Vous avez nettoyé votre passé, Ainsi vous venez de
faire une auto thérapie!

Énorme!

Je me doute que vous n'avez pas tout réglé en si peu de
temps, mais la machine est en route. Vous avez la technique,
le bon état d'esprit, et le reste fera son chemin. Car votre
manière de fonctionner est réellement en train de changer.
Vous avez éveillé votre conscience. Vous avez appris à vous
placer au présent, à vous projeter dans l'avenir et à nettoyer
votre passé.

Et maintenant vous allez rayonner d'amour!

Huitième
commandement

Amour tu donneras

Amour tu recevras

Après ce concentré de recherches, si vous avez tout appliqué, vous avez certainement fait des vagues autour de vous. Vos proches pensent que vous avez pété les plombs. Ils n'aiment pas le changement, cela leur fait peur. Vous sortez des cases qu'ils connaissent. C'est un peu radical pour votre entourage. Et puis de toutes manières même si cela avait été fait progressivement, les peurs restent les mêmes. Ils ne comprennent pas non plus pourquoi vous vous occupez un peu moins d'eux. On a dû vous traiter d'égoïste, de mère indigne, de fille ingrate, de père égoïste, de mari peu attentionné, ou même de fou ou de folle. Toutes ces techniques en fait sont plus faciles si vous vivez seule.

Pour ceux qui ont déjà construit une vie de famille, le changement est un peu plus compliqué, mais très enrichissant pour l'entourage aussi. Il est possible d'évoluer ensembles. Surtout ne rentrez pas dans le jeu de la culpabilité. Et réfléchissez bien aux gens qui vous en veulent. Ils sont juste légèrement égocentriques. Plutôt que de réaliser votre évolution, et votre bonheur, ils remarquent ce qu'ils perdent. Et si ce n'est pas le cas, vous avez beaucoup de chance. Soyez indulgents. Leur réaction est tout à fait normale. Tout ce changement est très soudain, et puis ils essayent de tirer la couverture vers eux. Vous allez tout simplement les rééduquer. Si vous écoutez votre entourage, vous devriez vous occuper plus d'eux que de vous même. Que nenni!

Vous pouvez leur expliquer qu'une fois vous être bien occupés de vous même, vous avez plus d'énergie pour eux. C'est donc aussi pour leur bien. Il est peut être temps de vous retrouver un peu avec les gens que vous aimez. Et de leur apporter de l'affection. Après ces deux semaines vous devez avoir évolué. Alors partagez le avec ceux qui le veulent. Vous devez déjà commencer à être capable de filtrer les bonnes les mauvaises personnes pour vous. N'ayez pas peur de donner un sourire, une poignée de main, un mot gentil, un compliment. Faites plaisir. La force est de donner du bien.

Vous ne vous rendez pas compte de l'influence de vos actes ou de vos paroles sur autrui. Pour vous c'est juste un sourire, mais cela peut changer la journée de la personne qui le reçoit. N'ayez ni honte ni peur, cela fera plaisir aux gens, surtout si vous n'attendez rien en retour. C'est valable pour les personnes proches comme pour les inconnus. La gratuité de l'acte fait toute la différence. Leur méfiance est légitime. Les personnes que vous rencontrez ont un passé. Ils ne sont pas nés avec la peur de l'inconnu. Cela demande des années d'éducations. Ils ont été trahis, on leur a menti, et si ce n'est pas le cas on leur a rabâché qu'ils allaient l'être. Ainsi quand vous êtes gentils, ils se demandent ce que vous voulez. Il faut les mettre à l'aise. Et quand ils sentent que vous n'attendez rien en retour, le feeling passe mieux. C'est logique. Sortez de votre zone de confort, dites bonjour en souriant aux gens. Peut être pas toute la journée, commencez par le faire quelques fois par jour. Mais n'attendez pas de retour de leur part. Ne jugez pas, ne bloquez pas sur les personnes qui ne vous répondent pas, ou qui vous regardent de travers. C'est vous qui donnez du bonheur. Le but n'est pas de les juger ou de leur montrer qu'ils sont moins bien ou mieux que vous. Mais plutôt de donner quelque chose de gratuit, de gentil, de bon, un sourire sincère, un bonjour sympa. Au début c'est un peu difficile, mais cela devient naturel avec le temps.

En mettant en place toutes ces petites actions, Vous allez changer doucement votre façon de penser et focaliser sur le positif. Vous êtes en train de modifier votre façon de fonctionner, Ainsi que les vibrations qui vous entourent. Il est logique que durant les premiers jours, votre coeur et votre raison soient en désaccords, de même que votre gestuelle mal assurée et vos paroles. Aussi vous rencontrerez probablement des réactions inattendues. Acceptez sans les prendre trop à coeur et prenez du recul. Vous évoluez, et dans un mois, votre énergie aura changé. Ce n'est pas sain de vivre dans la méfiance. Vous avez besoin d'un minimum de foi. La foi n'est pas forcément religieuse. On peut avoir foi en soi, en la vie, en l'univers, en l'avenir. Plus vous développerez les techniques de respiration, plus vous vous rapprocher de votre sixième sens. Il vous servira dans votre évolution. Il vous avertira quand vous serez en contact avec quelque chose ou quelqu'un de néfaste pour vous. Vous êtes de plus en plus intuitifs. Faites vous confiance, partagez le bonheur. Parce que c'est la bonne heure pour vous. Vous finissez la deuxième semaine en beauté!

Vous avez déjà tellement évolué! Vous avez compris tellement de choses, dans votre passé, présent et avenir. Et vous le faites seule parce que vous avez découvert, en plus, que lorsque vous êtes guidé, vous avez la volonté qu'il faut pour prendre en mains votre développement personnel. Même dans ce domaine il y a des règles à suivre pour atteindre son objectif.

Vous êtes prêt pour la Troisième semaine?

Alors on enchaine!

LA TROISIÈME SEMAINE

Les deux premières semaines vous ont aidé à travailler sur vous, à prendre du recul, à focaliser sur le positif, à faire le ménage du passé et à rayonner d'optimisme.

La troisième semaine vous permet de travailler votre solidité et votre équilibre, vivre au présent, ainsi que l'amour de soi et de son prochain.

Vous avez fait beaucoup de changements ces deux dernières semaines. Maintenant il faut stabiliser. Si vous avez besoin d'un peu plus de temps, n'hésitez pas à ajouter une semaine d'exercices précédents avant de commencer la suite.

Certains d'entres vous préféreront être à l'aide avec les premières techniques avant d'entamer les suivantes.

D'autres, en revanches, préféreront aller vite et travailler toutes les techniques simultanément.

Il n'y a pas de règle, faites vous confiance et ressentez ce qui est le mieux pour vous.

Donc la prochaine technique, sera la chute.

Mais voyez plutôt.

Neuvième commandement

Si retomber tu es

Jusqu'au fond, évites d'aller

Eh oui comme toutes les drogues, il y a la descente. Je parle de la drogue de la bonne humeur naturelle. Les endorphines sont des hormones naturelles que votre cerveau produit quand il ressent le bonheur. Ces hormones vous donnent un sentiment de satisfaction et de bien-être. Si vous avez bien suivi le programme des 2 semaines passées, vous y avez été un peu fort, comme si vous démarriez un sport intensif soudainement. Et quand vous baissé le rythme, vous retombez. C'est la descente. En fait, vous n'êtes plus en phase avec votre entourage. Et vous vous sentez seule, la haut sur votre nuage. Mais vos bonnes vibrations vous apporteront des personnes avec des vibrations équivalentes .Quant à votre entourage, le mieux serait de les briefer pour les aider à trouver leur voie, Toutefois il est difficile d'aidez des personnes qui ne veulent pas être aidées. En outre, Il va vous falloir un peu de temps avant de pouvoir aider des proches, Car vous êtes trop impliqué et il est difficile de prendre du recul. Chaque chose en son temps. Par contre, la meilleure solution, est de déconnecter émotionnellement. Vous vivez avec, ou vous êtes proches d'eux, Mais vous ne devez pas êtes dépendant de leur émotions, de leurs idées. Les montagnes russes émotionnelles c'est épuisant. Vous ne pouvez pas suivre, Vous devez rester neutre. Ne faites pas de transfert, pas de dépendance affective. Juste deux personnes, ou un groupe de personnes évoluant côte à côte, chacun à son rythme. Et c'est là qu'intervient la tolérance. Acceptez les gens que vous aimez tel qu'ils sont. Vous avez une chance extraordinaire, L'univers vous a apporté un éveil. Ce n'est pas le cas de tout le monde. Mettez leur juste des limites. «La liberté des uns s'arrête là où commence celle des autres».

Afin d'éviter les abus de pouvoir. Et plutôt que de tout détruire, Remettez vous en question. Rappelez vous ce qui vous a plu chez lui/elle. Rapprochez vous de votre conjoint/e. Retrouvez des moments d'intimités, fun, léger. C'est le moment de redonner un coup de jeune, à votre couple, pour ceux d'entre vous qui êtes en couple. Pour les autres, c'est tout aussi bien, la vie vous rapprochera de gens qui sont sur la même longueur d'ondes que vous. Vous verrez, c'est magique. Et les conseils ci dessus sont valables aussi pour les liens d'amitiés, de famille ou de travail. Ils risquent de critiquer, de dire que vous n'êtes plus dans la réalité, dans leur Réalité. Celle ou on voit les infos 2 à 3 fois par jour, des films violents, du négatif et du pessimisme. La réalité est subjective. Le changement et la responsabilité sur sa propre vie fait peur à la majorité. Mais si vous ne voulez pas être constamment dans le conflit, il vaut mieux accepter les idées des autres. Essayez de ne pas mettre trop d'émotionnel dans vos discussions. Les débats sont d'autant plus intéressants quand tout le monde n'est pas d'accord. Le défit est d'évoluer sans couper de votre entourage. C'est la compassion.

J'hallucine! Vous en êtes déjà à la compassion!

Ce programme va plus loin et est plus intense que pensais le faire à la base.

Impressionnant.

Eh ben vous êtes prêt pour passer à l'équilibre.

La prochaine technique, sera la gestion de stock.

Dixième commandement:

Si tu donnes et tu reçois de façon équilibrée

Heureux tu seras d'être né

Le vrai équilibre, la base de la stabilité émotionnelle, est
d'égaliser les entrées et sorties. C'est une comptabilité de
l'émotionnel. Si vous donnez, donnez, donnez...et donnez
encore, vous risquez de vous videz de votre énergie vitale, à
l'instar du matériel, quand vous êtes vidés, vous devez vous
recharger. Comment savoir si vous n'êtes pas en équilibre?
Quand vous commencez à vous sentir épuisés, essoufflés, à
fleur de peau, que vous ne faites que des obligations et avez
arrêté vos plaisirs. Vous donnez trop. Là encore il existe des
techniques simples et classiques, mais dont la puissance est
ignorée. Dans notre société, nous n'apprenons pas à recevoir.

Alors, simplement, la prochaine fois qu'une personne veut vous donner quelque chose de bien, vous lui dites oui! D'ailleurs il est tout à fait possible que ce soit elle qui en ait besoin, Et c'est peut être vous qui lui rendez service en acceptant.

Apprenez à recevoir!

Cela ne fera pas de vous un/e égoïste! L'énergie doit circuler, Sinon cela crée des bouchons. Même si ce qu'on vous donne ne vous plait pas, ne jugez pas la personne, ne prenez pas ce que vous recevez comme un dû, ou, à l'inverse, comme une insulte, mais comme un cadeau.

Acceptez!

Si vous sentez que vous n'avez plus d'énergie, c'est le moment de vous occuper de vous. . Le mieux est de garder une stabilité approximative, Afin de ne pas se retrouver en burn out. Et là "c'est la porte ouverte à toutes les fenêtres"(film, la vérité si je mens, Gad Elmaleh). N'attendez pas d'être à la limite, avant de vous remettre en question, de vous occuper de vous même. Prenez du temps pour vous, donnez avec plaisir afin de recevoir une énergie propre. Accepter l'amour, l'affection, les sourires. Faites votre méditation quotidienne afin d'oxygéner votre cerveau. Faites un peu d'exercice pour le plaisir et pour vous faire du bien. Encore une fois faites vous confiance ! Mais faites le!

Comment pourriez vous penser a ce qui est bon pour l'autre si vous même vous êtes à bout. Pour la protéger ne la donnez pas à tout va, mais plutôt quand vous en avez vraiment envie. Vous devez vous rendre compte qu'elle est précieuse, même si vous ne la monétisez pas. La technique du respect des 5 sens vous aide à filtrer le bon et le mauvais.

N'oubliez pas, se retrouver seule est un moment pour converser avec votre âme ou tout au moins avec soi même. De plus les techniques de respiration vous permettent de vous ressourcer. Donc si vous vous sentez sur le point d'être vidés je vous renvoie à cette technique. Logiquement si vous faites cet exercice tous les jours, vous ne devriez plus vous retrouver dans un tel état, ou de moins en moins

Imaginez que vous êtes un/e magasinier/ère, vous avez un stock d'énergie. Le commerce marche bien, Vous avez de l'énergie qui sort et rentre. Vous savez que si le local se vide totalement, vous serez en rupture de stock, vous aurez besoin d'en trouver ailleurs. Et par conséquent vous ne pourrez pas fonctionner durant quelques jours. Inversement, si vous gardez et faites entrer de l'énergie sans en faire sortir, votre local sera trop petit et il n'y aura pas assez de place, et l'énergie stagnante est périssable. Vous devez la renouveler.

Donner c'est bien, bien donner c'est mieux !

Contrairement à ce que vous pourriez penser, cette gestion est rentable. Ce n'est pas une perte de temps. Cela vous évitera les moments de « Bug ».

Le vrai équilibre n'est pas de survivre, mais bien de vivre pleinement. Donc faites ce qui vous tient vraiment à coeur et ne procrastinez pas. Vous devriez savoir reconnaître de plus en plus le déséquilibre lorsqu'il pointe le bout de son nez.

Faites le bilan tous les jours, puis par la suite, ce sera toutes les semaines. Maintenant que vous savez garder le cap, vous allez apprendre à vivre en pleine conscience au présent.

Pas de fuite en avant, ni dans le passé, ni dans une autre dimension, ni dans une galaxie lointaine, ici et maintenant!

Avec la technique du retour vers le présent!

Technique 11

Retour vers le présent

Onzième commandement

Au présent tu vivras,

Et efficace tu seras

Donc vous l'avez compris, la vie se passe ici et maintenant. Ce n'est pas nouveau, cela fait des siècles qu'on nous le répète. Rien ne sert de penser sans arrêt à ailleurs et dans un autre temps. Se mettre des objectifs, c'est bien, mais leur accomplissement se fait par des actions régulières au présent. Donc l'énergie doit être placée dans votre vie actuelle. Il existe une technique pour se ramener au présent. En Production Neuro Linguistique, PNL. Cela s'appel la technique de l'ancrage. Mais je ne trouve pas ce nom fun. Alors si nous l'appelions, La technique du "retour vers le présent"!

Voici les 5 étapes de l'exercice:

• Choisissez l'émotion ou l'état que vous voulez ressentir : La joie, l'amour, la compassion, l'énergie, dans le registre du bonheur.

• Choisissez l'expérience : faites un petit retour dans vos souvenirs, et identifiez la situation vécue, qui a provoqué cette émotion. Elle doit être assez puissante pour vous faire ressentir la sensation que vous désirez.

• Choisissez le stimuli ou votre point d'ancrage : Un geste (pincement d'un doigt, de la pomme de main, la main qui sert le poignet de l'autre bras), une image, la manipulation d'un objet fétiche (la montre, la bague), une odeur ou un gout familier. Le choix de cet objet ou de ce stimuli est important. C'est lui qui va vous remettre dans l'état émotionnel recherché.

• Visualisez : c'est la dernière étape de cette technique. Faites quelques respirations abdomino-thoraciques, une fois détendue, déclenchez votre stimuli (par exemple pressez votre paume de main), revivez votre souvenir ressource.

Ressentez l'émotion recherchée pendant le temps que vous avez besoin.

Ça y est votre ancrage est réalisé.

Maintenant si votre ancrage est correct, rien qu'en déclenchant votre stimuli vous devriez ressentir ces émotions positives que vous avez enregistrées. Si vous avez bien réalisé votre ancrage selon la technique décrite ci-dessus, vous devriez pouvoir à n'importe quel moment vous replonger immédiatement dans cette émotion positive que vous avez enregistré. Si vous n'y arrivez pas c'est probablement parce que vous n'avez pas revécu assez longtemps votre souvenir ressource pendant l'exercice. C'est normal, refaites régulièrement votre entrainement et ça devrait aller de mieux en mieux. Cela peux provenir également du fait que votre souvenir ressource n'est pas assez puissant émotionnellement parlant. Rien de plus simple : changez ! Essayez plusieurs souvenirs.

Déjà plus vous faites ce que vous avez envie de vos journées Et moins vous avez besoin de vous projeter ailleurs pour vous sentir bien. Si vous désirez changer votre présent, Mettez vous des objectifs réalisables, afin de ne pas vous mettre en position d'échec. C'est meilleur pour le moral. Plusieurs petits objectifs vous amènent à un grand objectif. Donc ne négligez pas la force des petites actions simples et régulières. Il n'existe pas de problème sans solution. La solution est parfois difficile à mettre en place, ou un peu trop ardue pour nous pour l'instant, mais elle existe. Et elle est en vous. Vous vous en rapprochez tous les jours. Si vous faites cet exercice régulièrement, Vous saurez revenir au présent naturellement De plus en plus facilement et rapidement.

Alors passez à l'étape suivante, "tu aimeras ton prochain comme toi même"

Tu aimeras ton prochain comme toi même

Le douzième commandement

"Tu aimeras ton prochain comme toi même"

ça vous rappel quelque chose ?

Pour commencer cette phrase implique de s'aimer soi même, pour aimer l'autre. Ce n'est pas parce que vous ne tapez pas une personne ou vous même, que vous ne faites pas de mal. Les mots peuvent tout aussi bien détruire.

Saviez-vous qu'avant l'âge de 18 ans, vous avez entendu plus de 18 000 mots négatifs ? Et, d'après les études de Jack Canfield, auteur conférencier américain, spécialiste en développement personnel, un enfant d'âge scolaire reçoit, en moyenne, 460 commentaires négatifs ou critiques par jour contre seulement 75 commentaires positifs. De plus, un adolescent moyen aura déjà vu plus de 40 000 meurtres et 200 000 actes de violence à la télévision avant de devenir adulte. Il n'est pas surprenant qu'avec tant de paroles chargées négativement, nous développions des problèmes d'estime de soi. Même les pensées ont une influence sur vous et votre entourage, Tout commence toujours par une pensée. Apprendre à maitriser sa réflexion est le B.A.ba d'un moral d'acier. La respiration, la visualisation, la projection, la méditation sont de fabuleux outils. La bonne pensée est productive, intéressante, agréable, gentille, critique mais productive. Pourtant la mauvaise pensée n'est pas dénuée d'intérêt. Elle permet de chercher un pourquoi.

Le pourquoi se trouve souvent dans votre histoire. Pourquoi cette personne me dérange? En quoi elle me ramène à moi? Et là vous trouverez matière à faire votre auto thérapie, Mettez vous face à vous même, c'est extraordinaire de pouvoir s'interroger avec autant de recul.

Après la pensée il y a le verbe. Les émotions sont misent dans les mots. Il est clair que notre éducation ne nous enseigne pas à communiquer. De plus, notre gestuelle n'est pas en cohérence avec nos paroles, Il est donc logique que nous ayons du mal à nous comprendre. Les hommes et les femmes ne s'expriment pas du tout de la même manière. John Gray dans «les hommes viennent de Mars, les femmes viennent de vénus», parut en 1992, explique de façon simple et humoristique nos différences. De même que les différentes générations; enfants, parents, grands-parents, vivent dans des mondes différents. C'est d'ailleurs pour cela qu'il est dit dans l'exode 20:12 d'honorer son père et sa mère. Nous parlons d'un profond respect pour que les générations ne se détournent pas les unes des autres. Le verbe «honores» prend tout son sens lorsqu'on comprend qu'on ne peut pas demander de comprendre ses parents puisque nous vivons dans des époques différentes, mais ce n'est pas pour cela qu'on ne doit pas se respecter.

Roland Jouvent, Directeur de recherche au CNRS, a créé le "Centre Emotions" de la Salpêtrière et est intervenu lors de la dernière formation 1 soir 1 jour "Profession manager : passer de l'athlétisme au championnat olympique". Cette formation a rencontré un très vif succès. Voici quelques extraits issus de ses dernières recherches sur la science du cerveau qu'il nous a livré : "Ne cours pas" dit la mère à son enfant. En général, celui-ci aussitôt accélère... Dire "N'ayez pas peur" est en général le meilleur moyen d'effrayer.

Pourquoi ?

Car le cerveau naturellement n'entend pas la négation. C'est pourquoi si vous voulez être obéi rapidement et efficacement, n'employez pas la forme négative: "Marche lentement" ou

"Restez calme". Mieux encore, exprimez votre calme ou votre autorité par votre posture ou votre gestuelle qui sont beaucoup mieux comprises que le langage verbal par notre cerveau émotionnel. Plus surprenant, notre cerveau ne fait pas de différence entre la réalité et l'illusion. Si vous regardez une personne ou si vous imaginez sa présence, vous mettez en jeu les mêmes neurones et les mêmes zones cérébrales. Ce sont les dernières découvertes de Jeannerot en 2002. Par exemple; si je vous dit: "ne pensez surtout pas à votre dernière expérience afin d'aller mieux" Vous allez immanquablement y penser, car votre inconscient a reçu la projection vibratoire de l'émotion que vous avez ressenti lors de cette expérience passée, même si je suis en train de vous dire de ne pas y penser. Si j'avais voulu vous faire souffrir, je ne m'y serais pas mieux pris, et pourtant à la base mon intention n'était pas de vous blesser, puisque je vous disais de ne plus y penser. L'état vibratoire va être moins violent que si je vous l'avais dit méchamment mais quand même, les ondes énergétiques ont provoqué un impact négatif sur vous, vous faisant repenser à des choses désagréables.

C'est pourquoi il est très important de prendre conscience du pouvoir de nos mots et de bien exprimer ses pensées. Mais en premier lieu, bien évidemment, être conscient de nos pensées, qu'elles soient porteuses d'énergie positive car elles vont s'exprimer à travers notre parole et déclencheront ensuite des actions. En premier lieu, vous devez toujours être positif, les ne-pas, ne-plus, sont conscientisés sur le même niveau que le reste, l'important c'est le point fort qui suit cette négation.

Explication : si je dis : "je ne veux plus être nul ", "je ne veux pas souffrir "L'inconscient n'entend pas forcément le ne-pas, ne-plus, mais la force vibratoire du mot nul ou du verbe souffrir. Ainsi il vaut mieux se dire : "dorénavant je suis fort ", " à partir de maintenant j'apprécie la vie dans la joie ".

Donc votre communication doit être positive et alignée; pensées, corps, paroles.

Car, comme nous l'avons vu plus haut, si vos paroles ne sont pas en accords avec vos pensées et avec votre gestuelle le message ne passe pas ou passe mal. De plus, essayez de ne pas être dans le jugement, Vous ne pourriez juger une personne que si vous aviez exactement le même vécu qu'elle, avec le même environnement, le même héritage psychologique et le même caractère, ce qui est absolument impossible, même si vous êtes jumeaux. Des que vous sentez que votre réflexion est négative ou destructrice, essayez de ne pas bloquer dessus, mais plutôt de la détourner. Prenez une bonne respiration et canalisez la vers un objet ou un sujet agréable, ou servez vous en pour une réflexion constructive.

Donnez juste pour le plaisir de donner. Servez vous de mots simples mais positifs. Recentrez vous avec des respirations profondes pour être en accord avec ce que vous êtes en train d'exprimer.

Donc dorénavant il faut essayer de gérer vos pensées et vos paroles. Entrainez vous à ne vouloir que du bien à vous même et aux autres. Le meilleur entrainement est de souhaiter sincèrement du bonheur à ceux que vous n'aimez pas, et qui vous ont fait du mal. Parce que si vous y arrivez avec eux, Ce sera d'autant plus facile de le faire avec ceux que vous aimez.

Et voilà, une troisième semaine pleine de changements, Dans laquelle vous avez apprit à vous relevez quand vous tombez, ainsi qu'à gérer votre équilibre, à vivre au présent et à prendre soin de vos pensées et paroles.

Et vous êtes sur la bonne voie.

C'est parti pour la quatrième semaine.

LA QUATRIÈME SEMAINE

Comme je vous l'ai déjà dit, si vous voyez que ces exercices mettent du temps à être intégré, ne vous ne bloquez pas, continuez. La plupart des gens mettent des années avant d'arriver à ce niveau de vibrations positives. Alors prenez garde à vos pensées, même vis à vis de vous même, Soyez votre propre coach. Vous êtes excellent/e, il vous faut juste de la pratique.

Croyez en vous.

Et continuez!

La prochaine semaine vous allez travailler la connexion à l'amour universel, à vous protéger, à être en accord avec vous même et acceptez que tout passe.

L'amour universel

*Treizième
commandement*

Aime de tout ton coeur

Et vis une vie de bonheur

*"Un geste de bienveillance, de bienveillance
réelle,*

*A plus de poids que tous les sentiments
abstraits du monde entier"*

Ann Radcliffe

Dans tous les cas, soyez juste heureux d'aimer. Ce qu'on appel l'amour universel se définit très simplement. Tout est relié, le vide n'existe pas et tout est énergie vibratoire, cette énergie vous vous en servez pour faire circuler de l'amour ou pas. L'amour est partout et en tout. C'est une force. Elle existe dans toutes situations. Et plus vous donnerez de

l'amour au quotidien, Plus il grandira en vous, Et plus votre
vie en sera remplit.

Exemple:

J'ai connu dernièrement, un jour où je n'avais pas envie de
sourire. J'ai des petites filles et une chienne qui commence à
prendre de l'âge, la chienne, pas les petites filles. Et par
moment les nuits sont quelques peu agitées. J'avais très mal
dormi, ma fille été enrhumée et n'arrivait pas à dormir. Après
une de ces nuits sans sommeil, J'ai amené les enfants à
l'école, Puis je me suis promenais avec ma chienne. Je ne
souriais pas, ce qui est très rare. Marcher sans sourire aux
passants que je rencontre, ou ne pas dire bonjour, Ce n'est
pas dans ma nature. Mais là, sincèrement, j'étais en mode
«off». Et la première personne que je rencontre me fait un
grand sourire et me dis un joli «bonjour». J'étais très
étonnée, car d'habitude ça c'est mon job! Mais je me sentais
déjà mieux. La deuxième personne pareille, elle me fit un
grand sourire et me dit bonjour très gentiment. Eh bien il ne
m'en a pas fallu plus pour retrouver ma force, mon
enthousiasme et recommencer à parler aux gens, à sourire.
Donc tout ce que nous semons a un effet boomerang. Cela
revient vers nous comme une vrai bénédiction.

Après ces trois dernières semaines, Vous devriez déjà
rayonner d'amour. La vraie question est; Pourquoi attendriez

vous que ce soit les autres qui vous apportent de la joie? Vous avez atteint un niveau tel, c'est à vous de donner du bonheur. Car, après ce joli programme, votre taux de vibration émotionnelle est déjà bien plus élevé que la moyenne.

Alors maintenant aimez, partagez!

Mettez vous des petits défis, en faisant sourire les plus difficiles à dérider. Donnez juste pour le plaisir de voir une personne heureuse. Invitez une personne seule, envoyez une lettre de remerciement, faites tout ce que vous n'osiez pas faire en geste d'amour quand vous avez démarré ce programme.

L'univers vous le rendra.

Même si vous ne le voyez pas rapidement. Vous fermez le mois avec la gratitude de pouvoir donner. Remerciez pour ce que l'univers vous apporte, vous a apporté et vous apportera.

Après toute cette ouverture, sachez vous protéger avec la technique suivante.

Le quatorzième commandement:

Protèges toi,

Et le ciel t'aidera.

Protégez vous!

Nous ne sommes pas dans le monde des bisounours. Eh oui c'est étonnant à lire, après tout ce condensé de naïveté. Mais pour pouvoir vivre bien dans un monde où la lumière domine, il faut savoir éviter de se laisser contaminer, ne pas laisser rentrer le vers dans la pomme.

C'est magnifique de rayonner d'optimisme ou de bonheur. Toutefois plus vous évoluer et plus serez confronté à des forces obscurs à votre niveau. Vous devez savoir faire des exercices de relaxation tel que nous l'avons vu, mais aussi fermer ou détourner une discussion qui vous perturbe, ou tourner le dos à des gens qui vous sont néfastes. Parfois vous vous dites «mais il/elle est gentil/le, Et je ne peux pas l'abandonner». Si cela vous fait du mal c'est que ce n'est pas le moment. Vous devez construire votre force émotionnelle d'abord, et seulement après, et parfois même bien après, vous pourrez soutenir les autres.

Quand j'étais encore jeune et instable émotionnellement, J'ai connu plusieurs cas de figures; J'adorais aider les gens, c'était même plus fort que moi. Mais je n'avais pas la solidité nécessaire. L'année où j'ai décidé de me prendre en mains, de me protéger et de me construire. J'ai connu la loi des 3 tests dont je vous parlais. Vu mon jeune âge de l'époque, je me rends compte qu'ils étaient de tailles.

Le premier:

Je vivais dans un campus, une fille de 10 ans mon ainée était suicidaire. Évidemment je suis devenu son amie. Je pensais pouvoir l'aider à sortir de sa dépression. Pourtant, je cherchais moi aussi ma place dans la société. Elle me culpabilisait de ne pas être là quand elle n'était pas bien et qu'elle risquait de se suicider à cause de moi. Elle envahissait totalement mon espace, Je me suis fait du mal pour elle. Une amie me disait de laisser tomber. Elle me rendait responsable de ses blocages, de ses faiblesses. J'ai finit par le croire.

Pourtant ce n'était pas de mon ressort. Elle était malade et devait régler ses problèmes. J'ai était obligé de quitter le campus avec force et tracas. Le soir de mon départ j'étais très malade, j'avais une grosse fièvre. Ce même soir, la police est venue me chercher et j'ai passé la nuit au poste. Pour une raison qui n'était pas très claire. D'ailleurs ils m'ont relâché le lendemain sans plus d'explications. Puis j'ai réalisée à quel point j'avais été dans une situation critique. Et que mon départ du campus fut une bénédiction pour mon évolution. C'est l'exemple type d'un mal pour un bien.

Le deuxième:

Dans le courant de la même année J'ai vécu en colocation avec un garçon très gentil mais dépressif. Évidemment, encore une fois, je pensais être à la hauteur. Et la vie m'a donnée une leçon à nouveau. Je n'étais pas encore assez solide et trop sensible pour lui tendre la main. J'étais en train de sombrer, l'énergie qui régnait était invivable. J'ai du partir de cet appartement au bout de 3 mois. Je me sentais très mal, je pensais que cela venait de moi. Je suis parti en me disant qu'il y a avait quelque chose qui clochait chez moi, Mais avec du recul, j'ai compris que je n'avais pas la force de côtoyer, et surtout de vivre avec des personnes en dépressions.

Le troisième test:

Dans la même année, Mon ex petit ami a fait appeler sa fille pour me dire qu'il allait se suicider si je ne revenais pas. Mais là j'avais déjà décider, de prendre ma vie en main et de ne plus accepter les chantages émotionnels. Car ce n'est que cela; du chantage émotionnel! Et votre entourage s'en sert pour avoir du pouvoir sur vous. C'est à vous de savoir tourner les talons, Changer de numéro de téléphone, Et ne plus leur répondre. C'est de la manipulation.

Je sais que ce ne sont pas les tests les plus sympathiques dont je vous parle, mais ils sont très représentatifs. Le premier était important, et je ne l'ai pas passé. Malgré les apparences, la vie m'a protégée. Concernant le deuxième j'ai décidé de moi même de m'éloigner, c'est un progrès. Le troisième j'ai tourné le dos radicalement, et rassurez vous il ne s'est pas suicidé. Par conséquent je l'ai réussit et je suis passée à un autre niveau. Pourtant cela faisait partie intégrante de ma vie depuis mon enfance. Aussi je suis devenu imperméable au chantage affectif.

Vous devez vous protéger!

C'est impératif!

L'histoire ci dessus est valable pour toute relation qui vous fait du mal. Soumission, agressivité, physique ou mentale. Certains d'entre vous ont l'ambition de vouloir aider une personne proche au potentiel latent. Sachez que c'est dangereux. Vous risquez de sombrer ou même d'avoir déjà sombré à cause de cela. D'abord parce que ces personnes ont tendance à se reposer sur vous, et n'ont pas la volonté de sortir de leur situation. De plus ils s'en servent comme d'un pouvoir.

Puis nul n'est invulnérable! Il est indispensable de savoir reconnaitre ses limites. Si vous commencez à ne pas vous sentir bien sans savoir pourquoi, À être dépendant/es des humeurs de l'autre. Ou à être en pleines montagnes russes émotionnelles, Lâchez le/la! Reprenez vous! Et rappelez vous, on ne peut pas aider une personne qui ne veut pas être aidée, ni aimer quelqu'un qui ne veut pas être aimé.

En outre, ne cherchez pas à savoir ce qu'il y a derrière les actes. Il est interdit de voler la pensée des gens. Quand une personne s'exprime, ou agit, elle vous permet de pouvoir réagir et communiquer. Alors que la pensée d'une autre personne ne vous regarde pas. Si vous essayez de savoir ce que pense untel, vous allez déporter et connecter votre énergie sur cette personne, plutôt que de la centrer sur vous et votre construction. Vous la gaspillez, puisque cela n'aide ni la personne à laquelle vous pensez ni vous.

Alors que si vous décidez de centrer votre énergie sur vous même, Vous deviendrez une source de bien être pour ceux qui le désirent. Vous vous sentirez bien et votre entourage aussi. D'autre part, si vous le faites systématiquement, Vous deviendrez imperméables aux mauvaises pensées.

Tout cela ne contredit nullement l'amour universel, Car vous pouvez donner au monde entier, et bloquer simultanément les personnes nuisibles.

Ajoutez à cela l'exercice de respiration à approfondir. Faites votre méditation quotidienne, Puis finissez en vous protégeant. Visualisez vous au centre d'une bulle d'une resplendissante couleur blanche ou or qui vous protège. Puis sortez de votre méditation.

Donc deux manières de vous protégez: spirituel et psychologique. Le spirituel c'est l'exercice du matin et du soir et le psychologique c'est de déceler ce qui vous fait du mal et de le mettre de coté.

Zappez le négatif!

Tout ce que vous venez d'apprendre deviendra un automatisme avec le temps. Et cela fera partie intégrante de votre quotidien. Vous ne verrez plus jamais la vie de la même manière.

La prochaine étape est d'acceptez vos contradictions, nous ne sommes pas des robots.

Technique 15

Acceptez vos contradictions

Le quinzième
commandement:

Si tes contradictions tu acceptes

Déculpabiliser tu pourras.

Vous devez accepter vos contradictions. C'est un concept facile à comprendre mais difficile à assimiler. Généralement lorsque nous prenons une décision, nous n'aimons pas les compromis. C'est blanc ou noir, Le gris est accepté mais nous nous sentons coupables. Le bonheur ne peut venir que si vous acceptez votre coté humain. Soyez indulgents avec vous même. Vous n'êtes pas obligés de vous sentir blâmables parce que certains de vos actes contredisent vos convictions. Je vous parle de ça pour l'avoir vécu. Pour moi, c'était droite ou gauche, Pas de juste milieu. Et des que mes actes n'étaient

133

pas en accord avec le chemin que je suivais je me culpabilisais.

C'est une vrai perte d'énergie, et absolument stérile. Aussi j'ai trouvé une réelle sérénité le jour où j'ai commencé sincèrement à accepter de ne pas être à 100% entière. On peut être végétarien pour ne pas manger nos amis les être vivants doués d'un quotient émotionnel supérieur à l'homme, Mais aimer la mal bouffe sans en être condamnable pour autant. On peut aimer la planète, vouloir la protéger et aimer les voyages et faire de la moto, qui implique le carburant et la pollution. Nous ne sommes pas obligés de vivre dans un éco village en vélo.

Évidemment il suffit de l'adapter à votre vie. Je suis sur que vous avez des contradictions qui vous dérangent. Par exemple vous rêvez de campagne et de calme mais vous vivez en pleine ville. Et finalement vous pensez que vivre à la campagne se serait impossible pour vous, vous avez besoin de vie, de mouvement. Acceptez d'aimer les deux, et trouvez votre compromis.

La culpabilité est le fait de vous sentir condamnable pour vos actions. Vous pensez bien que cela ne peut pas vous faire de bien. Vous renfermez une image négative de vous. Vous faire du mal intérieurement parce que certaines de vos actions sont en contradictions avec vos croyances ne sert à rien.

Surtout si ce ne sont pas vos idées, mais celle de vos parents
ou de votre entourage.

Si vous avez pour projet d'évoluer dans un domaine, faites le,
ou pas. Si vous désirez progresser et que vous n'y arrivez pas
d'un coup, prenez le temps, allez à votre rythme. Sinon,
acceptez de vous dire que vous êtes bien là où vous êtes ou
que ce n'est pas le moment.

D'ailleurs c'est un conseil aussi pour les parents,
déculpabilisez!

Faites le maximum que vous pouvez, mais nous ne sommes
que des êtres humains. Des parents parfaits seraient néfastes
pour les enfants. Acceptez vos forces et vos faiblesses, cela ne
fait pas de vous de mauvais parents, mais juste des êtres
Humains. De même pour les prises de décisions, se tromper
crée des leçons de vie que vous n'auriez jamais appris sans
elles.

Exercice:

Décrivez la personne que vous voulez devenir, vos forces,
votre caractère, Et mettez de coté. Cela viendra doucement.
En revanche ne culpabilisez pas si vous n'y arrivez pas du
jour au lendemain. Et acceptez d'évoluer à votre rythme.

Acceptez les régressions, elles sont indispensables. Ce n'est que reculer pour mieux sauter.

Donc oui à la contradiction, finit la culpabilisation!

Et nous arrivons à la fin de notre programme.

Eh oui tout a une fin.

THE HAPPY END

Eh oui nous voici à la fin de ce programme.

Effectivement ces techniques sont tellement simples, qu'elles paraissent anodines. Il n'y a pas de longues études zen à faire, ni même une thérapie interminable. Et grâce aux techniques simples et rapides à mettre en place, que vous venez d'apprendre, vos journées ne seront plus jamais les mêmes.

La première semaine

- Vous avez compris l'impact de votre entourage sur vous.

Vous avez donc appris à vous respecter,

À augmenter l'estime de vous même,

À vous faire passer avant le reste du monde,

À prendre du recul sur les évènements

À réorganiser vos journées pour qu'elles soient plus légères et plus enrichissantes.

Puis à faire le bilan de votre journée.

Vous êtes donc plus fort/e et vous gérez votre journée pour qu'elle soit tournée vers une vision positive.

La deuxième semaine,

Vous avez appris à vous tourner vers l'avenir, à demander ce que vous voulez.

Vous avez commencé à nettoyer votre passé, sans en avoir peur

Vous avez compris que pour évoluer, il faut repartir sur une base saine, et se débarrasser des vieilleries.

✝ Vous savez que tout est une leçon et non un fardeau à porter

✝ Vous pouvez commencer à rayonner de bonheur

La troisième semaine,

✝ Vous avez vu qu'il est normal de redescendre par moment, de régresser, de retomber, puis de se relever. La chute fait juste partie de la vie.

✝ Vous savez gérer votre énergie, vivre au présent et profiter de chaque moment.

✝ Ainsi que d'aimer chaque être vivant, de prés ou de loin.

Puis la quatrième semaine, vous vous êtes connecté à l'universel tout en vous protégeant et sans culpabiliser.

Tout ce que contient ce programme, je l'applique personnellement quotidiennement depuis des années.

Chaque concept a été longuement testé avant de devenir intégrante à ma vie. J'en connais la puissance. Et vous pouvez être assurer de changer votre perception, et de vous sentir de mieux en mieux en les assimilant. Si vous n'avez pas commencé le programme, Profitez de ce moment pour le

faire. Vous êtes sur la voie du bonheur. Continuez, et ayez
confiance ! Vous avez la technique, le reste fera son chemin.
Car votre manière de fonctionner est réellement en train de
changer. Vous avez éveillé votre conscience. Et vous pouvez
avoir des résultats spectaculaires si vous adaptez ces
processus à votre situation.

De plus, il existe plusieurs chemins pour trouver le bonheur.
Chaque personne ayant trouvée sa voie pense avoir la vérité
absolue. Mais ce n'est peut être pas adapté à vous, trouvez
votre propre bonheur, acceptez de ne ressembler à personne.
D'être vous et non la réplique d'un/e autre. Adaptez tout ce
que vous venez d'apprendre à vous même.

Ayez foi en vous!

Qui plus est, si vous évoluez il est normal que vos relations
changent au cour de votre vie. N'ayez pas peur de ce
changement, acceptez le et même remerciez le. C'est une
évolution. Vous attirez ce que vous êtes. Donc plus votre taux
vibratoire s'élèvera et plus vous deviendrez un aimant à
bonheur, à personnes positives, aux rencontres
enrichissantes et à d'autres trésors inespérés.

Alors ce n'est pas beau ça?

Vous allez faire face, vous serez fort/e. Et surtout vous n'aurez plus peur de tomber, car vous saurez qu'il est tout à fait normal de se faire mal, Vous saurez vous relever. Et tout ce que vous venez d'apprendre, vous servira à être de mieux en mieux.

Vous ne subirez plus la vie, mais vous en profiterez pleinement. Servez vous en sans modération. Et croyez en vous!

J'espère que vous avez eu autant de plaisir à lire ce livre que je n'en ai eu à l'écrire.

En outre, je suis en train de réaliser plusieurs programmes à venir, plus spécifiques à chaque situation.

Alors restons en contact pour le meilleur et pour notre bonheur.

https://www.facebook.com/Sarahappyspirit/

À très bientôt

Pour de nouvelles aventures...

À propos de l'auteur

Auteur: Sarah Guetta

Je suis thérapeute, passionnée par la nature humaine et le spirituel.

Ancienne dépressive, hyper active, timide pathologique et très grande fumeuse, avec la concentration d'un poisson rouge en prime, je ne trouvais pas ma place dans la société qui m'entourait.

Mais ça, c'était avant.

Je décida de prendre mon destin en main et d'aller contre tout ce qu'on attendait de moi, afin de me trouver et m'affirmer. Je suivi un chemin initiatique long et compliqué pour arriver à trouver exactement ce que je recherchais, moi même. J'ai cherché le chemin du bonheur et de l'harmonie seule, sans aucune aide de médicaments, anxiolytiques ou antidépresseurs. Entre l'auto thérapie, l'introspection, les médecines douces et le spirituel, de multiples solutions se sont offertes à moi. J'ai fait des rencontres extraordinaires, j'ai vécu des moments magnifiques et des aventures et mésaventures passionnantes.

Coté professionnel; Après des études de littérature française et plusieurs emplois qui ne me convenaient pas, C'est à 25 ans que je trouve ma voie dans les domaines du bien être, du spirituel et de l'ésotérisme, dans l'idée d'aider mes patients du mieux que je peux. J'ai pratiqué dans des associations, des cures et à mon cabinet, où j'ai aidé plus de 1000 personnes. J'ai donc décidé de développer cette série de guides, et de les rendre accessibles, Afin d'apporter du bonheur au plus grand nombre.

Aujourd'hui j'ai le plaisir de vous faire profiter de mon expérience, et de mes recherches. Je suis auteur et j'écris des guides pratiques pour réharmoniser votre vie. Dont le premier; «30 jours pour trouver le bonheur». Mon plaisir est de partager avec vous, afin que vous aussi vous puissiez vivre en harmonie avec vous même et votre entourage.

Et je ne vous souhaite que du bonheur pour aujourd'hui et demain.